Hermann Henkel

Goethe und die Bibel

Hermann Henkel

Goethe und die Bibel

ISBN/EAN: 9783742871503

Hergestellt in Europa, USA, Kanada, Australien, Japan

Cover: Foto ©Lupo / pixelio.de

Weitere Bücher finden Sie auf **www.hansebooks.com**

Goethe und die Bibel.

Von

Prof. Dr. Hermann Henkel.

Gymnasialdirektor a. D.

Leipzig,
J. W. v. Biedermann.
1890.

Wenn ich den vorliegenden Beitrag zur Würdi=
gung Goethes aus dem engeren Gewahrsam
einer Fachzeitschrift (für Gymnasialpädagogik von
H. Masius 1889 S. 174 fg.) hervorzuziehen und stark
erweitert und vermehrt als ein selbständiges Büchlein
zu veröffentlichen unternehme, so bin ich dazu durch
das Interesse veranlaßt, welches ich dem für die Cha=
rakteristik des Dichters so wichtigen Gegenstande von
Kennern entgegengebracht sehe. Derselbe ist bereits
früher in meiner Schrift („Das Goethesche Gleichnis",
1886, S. 24 und 134 fg.) gestreift und von V. Hehn
in dem anregenden, jedoch nur auf Proben aus den
ersten beiden Perioden G.s sich beschränkenden Aufsatz
im G. Jahrbuch 1887 S. 187 fg. „G. und die Sprache
der Bibel" behandelt. Die gegenwärtige Arbeit will
die Gesammtheit der Anspielungen und directen, wie
indirecten Beziehungen auf die Bibel, die sich bei Goethe
finden, geben und berücksichtigt neben seinen früheren
auch die späteren Zeiten, neben den schriftlichen seine
mündlichen Aeußerungen, die sich uns jetzt in der großen,
an ungeahnten Schätzen reichen Sammlung der Gespräche
G.s von W. Freiherrn v. Biedermann zu müheloser
Verwerthung darbieten. So ist die Anzahl der Nach=
weisungen wohl auf das Vierfache des dort Gebotenen
angewachsen, und ich glaube in dieser Beziehung an=
nähernde Vollständigkeit erreicht zu haben.

Wernigerode, Ende Mai 1890.

Herm. Henkel.

Wenn ich den vorliegenden Beitrag zur Würdigung Goethes aus dem engeren Gewahrsam einer Fachzeitschrift (für Gymnasialpädagogik von H. Masius 1889 S. 174 fg.) hervorzuziehen und stark erweitert und vermehrt als ein selbständiges Büchlein zu veröffentlichen unternehme, so bin ich dazu durch das Interesse veranlaßt, welches ich dem für die Charakteristik des Dichters so wichtigen Gegenstande von Kennern entgegengebracht sehe. Derselbe ist bereits früher in meiner Schrift („Das Goethesche Gleichnis", 1886, S. 24 und 134 fg.) gestreift und von B. Hehn in dem anregenden, jedoch nur auf Proben aus den ersten beiden Perioden G.s sich beschränkenden Aufsatz im G. Jahrbuch 1887 S. 187 fg. „G. und die Sprache der Bibel" behandelt. Die gegenwärtige Arbeit will die Gesammtheit der Anspielungen und directen, wie indirecten Beziehungen auf die Bibel, die sich bei Goethe finden, geben und berücksichtigt neben seinen früheren auch die späteren Zeiten, neben den schriftlichen seine mündlichen Aeußerungen, die sich uns jetzt in der großen, an ungeahnten Schätzen reichen Sammlung der Gespräche G.s von W. Freiherrn v. Biedermann zu müheloser Verwerthung darbieten. So ist die Anzahl der Nachweisungen wohl auf das Vierfache des dort Gebotenen angewachsen, und ich glaube in dieser Beziehung annähernde Vollständigkeit erreicht zu haben.

Wernigerode, Ende Mai 1890.

Herm. Henkel.

Es giebt wohl kaum ein Buch, mit dem sich Goethe lebhafter beschäftigt und inniger befreundet hätte, als die Bibel. In Dichtung und Wahrheit berichtet er uns, wie er sie als Knabe, von der derben Natürlichkeit des alten Testamentes und der zarten Naivetät des neuen angezogen, wieder und wieder gelesen, ja sich sprungweise, von vorn nach hinten und umgekehrt, mit ihr bekannt gemacht (B. XII), namentlich in den Zustand der Urwelt, welchen das erste Buch Mosis schildert, sich einzuweihen gesucht und manchen jugendlichen Tag entlang in den Paradiesen des Orients ergangen habe (B. IV). So durfte er sich mit gutem Rechte „bibelfest" nennen (B. VIII Hemp. A. Th. XXI S. 112) und gelegentlich wohl über die werthen Freunde scherzen, die sich „keines bibelfesten Standpunktes rühmen" könnten (an Zelter 9. Nov. 1820).*)

---

*) Das Verzeichnis der Berliner Kunstausstellung im Jahre 1820 führte die Kopie eines Bildes von Albertinelli als „Besuch der heiligen Elisabeth bei der Jungfrau Maria" auf. „Man hat Mariä Heimsuchung, fährt G. in oben citirtem Briefe fort, wohl oft genug den 2. Juli im Kalender roth gedruckt gesehen, aber geglaubt, es sei gemeint, sie habe eine aufwartende Heimsuchung von der guten Elisabeth erhalten, da es doch der umgekehrte Fall ist, da die fromme, guter Hoffnung lebende Maria übers Gebirge gegangen, um eine Freundin heimzusuchen. Wie alles dieses im Evangelium St. Lucä im 1. Kapitel umständlich zu lesen ist." Nur einmal, so viel ich sehe, begegnet dem Dichter in seinen zahlreichen Bibelcitaten der unbedeutende Irrthum, daß er den Ausdruck „feurige Kohlen auf das Haupt sammeln" Christus statt dem Apostel Paulus zuschreibt, an Salzmann 6. März 1773.

Und diesem Buche, von dem er abschließend ur=
theilt, daß es (didaktisch und gefühlvoll aufgenommen,
nicht dogmatisch und phantastisch gebraucht, Sprüche
in Prosa 332, v. Loeper), je höher die Jahrhunderte
an Bildung stiegen, immer mehr zum Theil als Fun=
dament, zum Theil als Werkzeug der Erziehung ge=
nutzt werden könne (Gesch. der Farbenl. III Abth.
Ueberlieferung, vgl. Auff. zur Literatur Hemp. A. N.
169), diesem „Buche aller Bücher" bekennt er denn auch
seine sittliche Bildung fast allein zu verdanken. Die
Begebenheiten, die Lehren, die Symbole, die Gleich=
nisse, alles hatte sich tief bei ihm eingedrückt und erwies
sich auf eine oder die andere Weise wirksam (B. VII).
Wirksam zunächst, indem es ihn, unter Mitwirkung
Klopstockischen Vorganges*), zu dichterischer Produk=
tion anregte. Die Stoffe seiner ersten größeren poe=
tischen Versuche waren aus dieser Quelle geschöpft:
Joseph, ein prosaisch=episches Gedicht, in welchem er
durch Einschaltung von Incidenzien und Episoden die
alte einfache Geschichte zu einem neuen und selbstän=
digen Werke zu machen gesucht (D. u. W. IV, an seine
Schwester 11. Mai 1767), Belsazar, ein Drama,
aus dessen erster Scene er der Schwester ein in
Alexandrinern verfaßtes Bruchstück mittheilt (7. Dez.
1765, vgl. an Riese 30. Okt. 1765), der Plan eines
Trauerspiels Der Thronfolger Pharaos, welches
die Erschlagung der Erstgeburt durch den Engel zum
Gegenstand hatte (an dieselbe 11. Mai 1767), endlich
eine Jsabel und Ruth**), Dichtungen, die alle freilich,

---

*) Dicht. u. W. IV: Die Personen des alten und neuen
Testamentes hatten durch Klopstock ein zartes und gefühlvolles
Wesen gewonnen, das dem Knaben so wie vielen seiner Zeitge=
nossen höchlich zusagte.
**) Das Büchlein Ruth, sagt G., wirkt auf alle poetisch=

wie der Jüngling altklug seiner Schwester schreibt,
2. Okt. 1767) ihre Jugendsünden nicht anders als
Feuer haben büßen können. Auf der Bühne
übrigens erschienen ihm in späterer Zeit alttestament=
liche Helden (wie Jephtah und Saul) nicht ohne Be=
denken. „Jene Mythen, schreibt er an Zelter 19. Mai
1812, wahrhaft groß stehen in einer ernsten Ferne
respectabel da, und unsere Jugendandacht bleibt daran
geknüpft. Wie aber jene Heroen in die Gegenwart
treten, so fällt uns ein, daß es Juden sind und wir
fühlen den Kontrast zwischen den Ahnherrn und Enkeln,
der uns irre macht und verstimmt.“
  Im Jahre 1775 übersetzte er das Hohelied Sa=
lomonis, „das Zarteste und Unnachahmlichste, was
uns vom Ausdruck leidenschaftlich anmuthiger Liebe zu=
gekommen“ (Divan Not. Hebr., an Merck Okt. 1775)*),
und noch einmal, vier Jahrzehnte später, griff er ein
biblisches Thema auf, indem er eine Kantate zum
Reformationsjubiläum zu dichten beabsichtigte.
„Luther, schreibt er darüber an Zelter 14. Nov. 1816,
erblickt in dem alten und neuen Testament das Sym=
bol des großen sich immer wiederholenden Weltwesens:
dort das Gesetz, das nach Liebe strebt, hier die Liebe,
die gegen das Gesetz zurückstrebt und es erfüllt. Diese

---

productiven Geister klapperschlangenartig; man enthält sich nicht
einer Bearbeitung, Paraphrase, Erweiterung dieses (in seinem La=
tonismus unschätzbar dargestellten, Divan Not. Hebr.), freilich sehr
liebenswürdigen, aber uns doch sehr fernliegenden Stoffes (an
Zelter 8. März 1824).
  *) Während ihm nach dem Briefe des Pastors zu * Salomos
Discurse freilich herzlich trocken erschienen. — Der Versuch, in
die Fragmente des Hohen Liedes Zusammenhang zu bringen,
schien ihm (Divan Not. Hebr.) anfänglich unausführbar, später in
der Uebersetzung und Erklärung Umbreits, Auss. zur Lit. Hemp. A.
Nr. 217, gelungen zu sein.

1*

Conceptionen in einem sangbaren Gedichte auszu=
sprechen, würde ich mit dem Donner auf dem Sinai,
mit dem Du sollst! beginnen, mit Christi Auferstehung
und mit dem Du wirst! schließen. Der Text bestünde
aus biblischen Sprüchen, bekannten evangelischen Lie=
dern, dazwischen Neugedichtetes und was sich sonst noch
finden würde". Der Plan kam über das aufgestellte
Schema (ebend. und 10. Dec. 1816) nicht hinaus und
ging für die Ausbildung verloren (Tag= u. Jah=
resh. 1816).

Auch dichterische Motive hat Goethe der Bibel
entnommen. Die Stelle im ersten Buche der Könige
4, 33: „Und er (Salomo) redete von den Bäumen
von der Ceder an zu Libanon bis an den Ysop, der
aus der Mauer wächst," veranlaßte ihn um 1774 zur
Dichtung von 14 kleinen Parabeln unter der Aufschrift:
„Salomos, Königs von Israel und Juda, gülbene
Worte von der Ceder bis zum Ysop", die in der
Hempel=Ausgabe III. S. 213 Aufnahme gefunden
haben. Der Faustprolog im Himmel lehnt sich be=
kanntlich an die Hioblegende (vgl. Eckermann I 18.
Jan. 1825), das erste Kapitel von Wilhelm Meisters
Wanderjahren an die Geschichte Josephs und Marias
an. Wenn jedoch W. Scherer (Auff. über G. S. 85
fg.) eine Uebereinstimmung von Motiven des von
Goethe übersetzten Hohen Liedes mit Motiven der An=
fangsscene im fünften Akt des Egmont findet, so hat sein
Spürsinn, fürchte ich, den scharffinnigen Mann zu weit
geführt. Sulamith, vom klopfenden Freunde des Nachts
gerufen, kommt hervor; aber er ist weggeschlichen.
Sie sucht ihn, die umgehenden Wächter der Stadt
greifen und schlagen sie. Sie beschwört die Töchter
Jerusalems, dem Liebsten, wenn sie ihn finden, zu
sagen, daß sie für Liebe krank sei. Nach seinen Vor=

zügen vor andern befragt schildert sie dieselben in
den glühendsten Farben, worauf die Jungfrauen sich
bereit erklären, ihn mit ihr zu suchen. Und nun dagegen
Klärchen. In der Morgendämmerung eilt sie von
Brakenburg begleitet auf die Straße, um die Bürger
zur Befreiung des angebeteten, von allen einst be=
wunderten und gefeierten Egmont aufzurufen. Aengst=
lich und erschreckt weicht jedermann zur Seite. Der
treue Begleiter mahnt sie zur Besonnenheit, er sieht
die Wache Albas an der nahen Ecke und drängt nach
Hause, wohin ihm das geliebte Mädchen folgt, ent=
schlossen die ewige Heimath aufzusuchen. Wo ist hier
eine Verwandtschaft der Situationen zu finden?

Selbst wissenschaftliche biblische Probleme endlich
beschäftigen unsern Dichter. In den Zwo wichtigen,
bisher unerörterten biblischen Fragen (6. Febr. 1773)
gab er eine Untersuchung über die zehn Tafeln des
Bundes, für welche er nachzuweisen suchte, daß sie
particular=jüdische Gesetze und Vorschriften, nicht die
Universalverbindlichkeiten der sogenannten 10 Gebote
zum Inhalt gehabt, und demnächst eine von „para=
phrastischen Foltern" freie, im Herder'schen Sinn*) ge=
haltene menschliche Deutung der am Pfingstfeste er=
theilten Gabe der Sprache, als Gabe des Geistes,
(wie er den λόγος des Johanneischen Evangeliums

*) In der 1794 erschienenen Abhandlung „Von der Gabe
der Sprachen," deren Inhalt bereits 20 Jahre früher einer andern
Schrift hatte einverleibt werden sollen, erklärt Herder das γλώσσαις
λαλεῖν als „vielbegeistert reden." Vergl. übrigens G's. Aeußerung
zu Herder hierüber in dessen Nachl. 1. S. 144. Auslegungen,
die menschlich Gedachtes und Empfundenes ins Mystischreligiöse hin-
überspielten, wie die Deutung des Hohen Liedes Salomonis auf
das heilige Verhältnis Christi zu seiner bräutlichen Kirche, an
Zelter 29. Jan. 1830, konnten G. auf seinem Standpunkte nicht
anders als absurd erscheinen.

im Fauſt I. 1224 fg. [1800] zu deuten oder umzubeuten unternahm).*) Im Jahre 1797 regte ihn die von Wolf am Homer geübte Kritik an seine alten Papiere und Studien über die Bibel wieder vorzunehmen und einen kritiſch=hiſtoriſch=poetiſchen Aufſaß über den Charakter und das Regenten= und Feldherrntalent Moſis, ſowie über den Zug der Kinder Israel durch die Wüſte abzufaſſen, deſſen Dauer er auf kaum zwei Jahre gegenüber den myſtiſchen vierzig der Tradition berechnete.**) Später nochmals umgearbeitet, hat der= ſelbe in den Abhandlungen des Divan ſein Unter= kommen gefunden. Jedenfalls aber vermochte ihm kein noch ſo berechtigter Zweifel an der abſoluten Wahr= heit der Ueberlieferung den Glauben an den eigentlichen Grund= und Urwerth der heiligen Schriften, der von ihm behandelten des alten Teſtamentes ſo wenig (Div. Not. u. Abh. Isr. in der W., gegen Ende), wie der Evangelien des neuen (Eckermann III, 11. März 1832, vgl. D. u. W. Bd. XII. Th. III, S. 63 v. Loep.) zu erſchüttern.

Indem ſich alſo Goethe von Jugend auf in die Bibel eingelebt und mit ihrem Inhalt durchdrungen hatte, geſchieht es, daß ſeine Sprache gelegentlich den Ton derſelben anſchlägt, Worte und Wendungen von ihr entlehnt, mit teſtamentlichen Bildern, mit Beziehun= gen und Anſpielungen auf bibliſche Vorgänge und Kern= ſprüche erfüllt iſt. Wie ſich des Herrn Bildnis auf das Tuch der heiligen Veronica gedrückt, ſo hatte er nach dem ſchönen Gleichnis im Divan II, 1 das herrliche Bild

---

*) Ueber das Wort als erſtgewordnes ſprach G. auch zu Riemer 4. März 1808. v. Bieberm. Geſpr. G's. II. Nr. 348.
**) Den geſchichtlichen Sinn, der ihn auszeichnete, hatte G. auch im Prolog zu Bahrdts neueſten Offenbarungen (1774) be= kundet, in welchem er das Unhiſtoriſche der Bibelauffaſſung des herrſchenden Rationalismus verſpottete.

der heiligen Bücher an sich genommen, daß uns die
Züge desselben aus Wort und Schrift des Dichters immer
von neuem eigenthümlich anmuthend entgegentreten.
In der Vorstellungs= und Ausdrucksweise der
hebräischen Poesie, deren Geist ihm Herder erschlossen
hatte, bewegt er sich namentlich in den siebenziger
Jahren, den Zeiten eines gesteigerten Gefühlslebens,
gern. „Die Paulusgabe, mit der Du uns zu Zeiten
anblitzest, o Dechant," schreibt er an Herder 5. Dez.
1772, „ist uns köstlicher denn Myrrhen, thut wohl wie
Striegel und härn Tuch dem aus dem Bade Steigenden."
In Lavaters Abraham will er „einen Würzruch dämpfen
hie und da seines Fäßleins", Dec. 1776,*) und zu
demselben äußert er, 2. Nov. 1779: „Große Gedanken,
die dem Jüngling (Tobler, Lavaters Schüler und
Freunde) ganz fremd sind, füllen jetzt meine Seele, be=
schäftigen sie in einem neuen Reiche und ich kann
nicht als nur geborgt nieder in das Thal des Thaus
und der Morgenbegattung lieblicher Turteltauben."
Wenn der Herr des Psalmisten den Himmel ausbreitet
wie einen Teppich (Ps. 104, 2), läßt Werther (15.
Nov. 1772) den Sohn Gottes die Himmel zusammen=
rollen wie ein Tuch, und als wären sie aus einem
Klageliede Davids, klingen die Worte unseres Dichters
(an Kestner 1773, J. Goethe Nr. 58): „Ich wandere
in Wüsten, da kein Wasser ist, meine Haare sind mir
Schatten und mein Blut mein Brunnen," wie aus
einem Dankliede desselben, wenn er ausruft (an Fr.
v. Stein 13. Sept. 1777): „Ich singe Psalmen dem
Herrn, der mich aus Schmerzen und Enge wieder in
Höhe und Herrlichkeit gebracht hat."

*) „Nach Göbeles scharfsinniger Entdeckung (Allgem. Zeitung
1874, Nr. 8) rührt die schöne Opferscene in Lavaters Abraham und
Isaak von Goethe selbst her." v. Loeper, D. u. Wahrh. I, S. 332.

Zu diesen in freierem Stil der Bibel gehaltenen
Aeußerungen Goethes kommt nun aber eine große An=
zahl von Ausdrücken und Sätzen wirklich biblischen
Ursprungs und von Beziehungen auf bestimmte Vor=
bilder der heiligen Schrift. Die folgende Sammlung
derselben*) bewegt sich innerhalb des Zeitraumes von
1765 bis 1832 und vertheilt sich ziemlich gleichmäßig
auf die beiden Testamente. Fast die Hälfte der An=
führungen rührt aus Briefen, Gesprächen und Tage=
büchern her, ein Beweis für die Lebhaftigkeit und
Präsenz der biblischen Erinnerungen Goethes. Voller
allerdings fließt der Quell derselben in seiner Jugend=
periode (unter den Dichtungen besonders im Goetz,
Faust I und Werther), versiegt jedoch auch später nie
und bricht auch auf poetischem Gebiete gelegentlich
(wie in Faust II und in der didaktischen Lyrik) wieder
stärker hervor.

Was nun zunächst einzelne Worte und Wendungen
der Bibel betrifft, so ist die Sprache des jugendlichen
Goethe an solchen vorzugsweise reich. Namentlich
sind es biblische Ausdrücke bildlicher Art, die uns hier
begegnen, wie „Flügel der Morgenröthe“ (Von deutsch.
Bauk., oder „morgenrothe Flügel“, Div. VIII, Wieder=
find. B. 41 aus Psalm 139, 3), „Das Zwillingspaar,
das unter Rosen weidet“ (Faust I, 3337 aus Hohelied
4, 5: „Deine Brüste sind wie zwei junge Reh=Zwillinge,
die unter Rosen weiden“) „der Taumelkelch“ (Werth.
22. Dec. 1772 und W. M. Lehrj. I, 17 aus Jesaias

*) Einige der von B. Hehn statuierten Beziehungen Goethischer
Stellen auf die Bibel, wie Harzreise im W. B. 51 auf Jesaias 9, 3,
an Fr. v. Stein 17. Mai 1778: „Sonst war meine Seele“ fg.
auf Spr. Sal. 25, 8, Röm. Eleg. VII, 10 auf Psalm 139, 12,
Hermann u. D. III, 19 fg. auf Sirach 10, 1—2, ebend. V, 54
auf Richter 15, 2 erscheinen mir als zu unsicher und zweifelhaft,
um sie unten mit einzureihen.

51, 17: „Die Hefen des Taumelkelchs haſt du ausge=
trunken"), „die Kniee des Herzens" (an Herder Mai
1775 aus dem Gebet Manaſſes B. 11: „Darum beuge
ich nun die Kniee meines Herzens"), „eine Mörder=
grube" (Götz I, im biſch. Pal. z. Bamb., aus Matth.
21, 13), „ſchellenlauter Thor" (Fauſt I, 549 nach
I. Korinth. 13, 1), „ein Buch mit ſieben Siegeln"
(Fauſt I, 576 aus Apok. 5, 1), „Krone des Lebens"
(Raſtl. Liebe B. 18 aus Apok. 2, 10), „das A und Ω,
A und O" (Ital. R. 1. Juni und 23. Aug. 1787 an
Lav. 28. Okt. 1779, Frech und Froh B. 16 aus Apok.
1, 8), „Abrahams Schoß" (an Knebel 17. Nov. 1786
aus Luc. 16, 22), „mit Beſemen gekehrt" (an A. Gräf.
Stolb. 3. Aug. 1775 aus Luc. 11, 25), „das Licht
auf den Leuchter ſtecken" (an Lavater 7. Febr. 1780),
„unter den Scheffel ſetzen" (an Boiſſeré 14. Febr. 1831
aus Matth. 5, 15)*), „allen alten Sauerteig aus=
ſcheuern, auskehren" (Ew. Jude 210, an Fr. H. Jacobi
30. Dec. 1783, Eckermann III, 4. Jan. 1824, aus
I. Korinth. 5, 7), „einen Pfahl ins Fleiſch geben, ſetzen"
(Das Neueſte v. Plund. B. 192, an Fr. H. Jac. 5. Mai
1786 aus II. Korinth. 12, 7) „wie Sand am Meere"
(Ven. Epigr. 12 aus I. Moſ. 22, 17).

Aber auch ſchlichtere Ausdrücke und Redensarten
finden ſich bei Goethe, die ohne Zweifel aus bibliſchen
Reminiscenzen ſtammen. So: „Zeichen der Zeit" (Epi=
grammatiſch, aus Matth. 16, 3), „Ein Geſpräch von
Krieg und Kriegsgeſchrei" (Fauſt I. 861 aus Matth.
24, 6: Kriege und Geſchrei von Kriegen),**) „Durch
Geiſtes Kraft" (Fauſt I, 378 aus Römerbr. 15, 19:
Durch Kraft des Geiſtes Gottes), „Alle Weisheit dieſer

*) Vgl. an Kanzler v. Müller 3. Aug. 1826: Der Dichter
(ſieht) nicht gern, wenn ſein Licht unter dem Scheffel verliſcht.
**) Der Ausdruck wird auch von Goethes Mutter wiederholt

Welt" (Fauſt I, 3080 aus I. Korinth. 3, 19: Dieſer
Welt Weisheit iſt Thorheit bei Gott), „Sehen, wo
alles hinaus will" (Göß I, Jarth. Gößens Burg. aus
Matth. 26, 58: daß er ſähe, wo alles hinauswollte),
„Leben, weben und ſein" (Farbenlehre § 739 u. Ecker=
mann III, 11. März 1832 aus Apoſtelg. 17, 28),
„Da ich ein Kind war" (Prometh. B. 21 aus I. Ko=
rinth. 13, 11), „Die Augen gingen ihm über" (König
in Thule V. 7 aus Ev. Joh. 11, 35: Und Jeſu gingen
die Augen über), „Und ward nicht mehr geſehn"
(Fiſcher V. 32 aus I. Moſ. 5, 24)*) u. ſ. w.
Ungleich wichtiger aber natürlich als bloßen Formeln
und Saßfragmenten iſt es, den Gedanken und Bildern
der Bibel in den mündlichen und ſchriftlichen Aeuße=
rungen unſeres Dichters nachzuſpüren, weil ſo erſt das
intimere Verhältniß, in welchem er zu dieſem Buche
ſeines Lebens ſteht, und deſſen Einfluß auf ſeine
Phantaſie und Empfindung ſich offenbart und durchſchauen
läßt. Was ſich an ſolchen Documenten mir dargeboten
hat, lege ich auf den folgenden Blättern in der Reihen=
folge der Bücher beider Teſtamente vor und ſchicke ihnen
nur ein paar orientierende Bemerkungen voraus.

Die Bibel iſt ein lebendiger Beſiß unſeres Dichters,
von der Geneſis bis zur Apokalypſe iſt ihm ihr In=
halt zu augenblicklichem Gebrauche bereit und gegen=

gebraucht, an ihren Sohn 20. Juni 1793, 11. Apr. 1794, 10. Ott.
1805. Eine Reminiscenz jedoch aus der Fauſtſcene „Vor dem
Thor", wie die Anmerkung zu Br. 13 in den Briefen von G's.
Mutter an ihren Sohn ſagt, kann es nicht ſein, weil dieſe Scene
erſt 1800 geſchrieben iſt. Ohne Zweifel ſchwebte G. der Aus=
druck der Mutter vor.
    *) Erſcheint ſchon früher als Schlußvers in Wielands Muſa=
rion III (1768), ſpäter in einem Briefe F. H. Jacobis an Lavater
23. Juli 1788, von Hamanns Abſcheiden gebraucht, und in Schillers
Braut v. M. V. 717.

wärtig. Immer von neuem sieht er in den Erfah=
rungen der Gegenwart die alte Kernweisheit dersel=
ben sich bewähren, die Vorgänge und Scenen, welche sie
schildert, sich wiederholen und erneuern; in allen Perio=
ben seines Lebens verwendet er sie bald in gehoben ernste=
rem, bald in treuherzig naivem, geistreich heiterem, ja
humoristischem Sinne. Namentlich in gemüthlich bewegten
Lebensmomenten drängen sich ihm Spruch und Gleichnis
der Bibel fast unwillkürlich auf die Lippen.

Im Rückblick auf die Wendung, welche sein Schick=
sal genommen, verzeichnet er am Jahrestage seines
Eintrittes in Weimar, am 7. November 1776, in
seinem Tagebuche die Worte des Psalmisten: „Was ist
der Mensch, daß du sein gedenkest, und das Menschen=
kind, daß du dich sein annimmst." Das neue Leben
besitzt ihn ganz; „ich bin zu gewohnt," schreibt er an
seine Mutter, Nov. 1777, „von dem ‚Um mich‘ jetzo
zu sagen: »Das ist meine Mutter und meine Geschwister.«
Mancher Schwierigkeit allerdings begegnet er in seiner
amtlichen Wirksamkeit und mancher der Abhülfe harren=
den Noth; doch unermüdlich kämpft er dagegen an.
„Das Elend wird mir nach und nach so prosaisch wie
ein Kaminfeuer," heißt es in seinem Tagebuche, 25. Juli
1779, „aber ich lasse doch nicht ab von meinen Ge=
danken und ringe mit dem unbekannten Engel, sollt'
ich mir die Hüfte ausrenken."

Auch mit der eigenen Natur, ihrer Verworrenheit
und Leidenschaftlichkeit hat er seine schweren Kämpfe
zu bestehen. „Mein Herz ist einmal wieder in Be=
wegung," vertraut er der neuen Freundin (Frau v.
Stein, Aug. 1776) an, „und weiß nicht warum. Wie
aber geschrieben steht: So ihr stille wärt, würde euch
geholfen, so will ich still sein." Und die geliebte Frau
ist es, bei der er immer wieder Mäßigung und Er=

hellung seiner Sinne sucht und findet. Wenn er heim=
lich nicht mit sich zufrieden ist, so ist sie ihm „die
eherne Schlange, zu der er sich aus Sünd und Fehlern
aufrichte und gesund werde" (5. Juni 1780); das An=
denken ihrer Liebe ist immer bei ihm und seine Nei=
gung zu ihr, wie „die Furcht Gottes der Weisheit An=
fang" (8. Juli 1783).

Als er nach zehn Jahren amtlicher Thätigkeit seine
politische Aufgabe glaubt für erfüllt ansehen zu dürfen,
verläßt er die Heimath, um auf günstigerem Boden
seiner eigentlichen, der künstlerischen Mission nachzu=
gehen. In fliegender Hast eilt er in „das gelobte
Land". „Rom! Rom!" schreibt er in Terni 27. Oct.
1786 in sein Tagebuch, „noch zwei Nächte! und wenn
uns der Engel des Herrn nicht auf dem Wege schlägt,
sind wir da." Von dem Tage, wo er die heilige
Stadt betreten, zählt er einen zweiten Geburtstag,
eine „wahre Wiedergeburt" (an Frau v. St. 2. Dec.
1786). Hier sitzt er „im Paradiese" (an Kayser 14. Juli
1787, an Herzog K. A. 18. März 1788), „in Abra=
hams Schoß" (an Knebel 17. Nov. 1786). „Das Ge=
setz und die Propheten sind nun erfüllt, ruft er den Seinen
zu (an Ph. Seidel 4. Nov. 1786), und ich habe Ruhe
vor den römischen Gespenstern zeitlebens," und bald
darauf (an Frau v. St. 25. Jan. 1787): „Wer Rom
gesehen hat, dem muß alles andere zufallen." So
lebt er denn glücklich, weil er, „in dem ist, was seines
Vaters ist" (Ital. R. 28. Sept. 1787), und nachdem
er sich hier in anderthalbjähriger Einsamkeit als Künst=
ler endlich wiedergefunden hat, stellt er sich seinem
Fürsten von neuem zur Verfügung mit den Worten
(17. März 1788): „Lassen Sie mich an Ihrer Seite
das ganze Maß meiner Existenz ausfüllen und des
Lebens genießen, so wird meine Kraft wie eine neu

geöffnete, gesammelte, gereinigte Quelle von einer Höhe nach Ihrem Willen dahin oder dorthin zu leiten sein. Ich kann nur sagen: „Herr, hier bin ich; mache mit Deinem Knecht, was Du willst." Und er scheidet aus dem theuren Lande, wenn auch mit schwerem Herzen; in Mailand kauft er einen Hammer, um an den Felsen zu klopfen und „des Todes Bitterkeit zu vertreiben" (an Knebel 24. Mai 1788).

Es sind ernstere Bibelklänge, die wir hier vernehmen, aber auch in gemütlich launigem Tone bezieht sich Goethe mitunter auf Situationen und Vorgänge der heiligen Schrift. Er zeigt uns im Gleichnis den im Paradieses= garten in der Abendkühle wandelnden Schöpfer (W. M. Lehrj. VI), die dem Herrgott kochende Sarah (In das Kal. der Fr. Kämpf), den vom Engel mit seinem Mustopf abseits getragenen Propheten (an Fr. H. Jacobi 2. Dec. 1776). Das Herz des Jungfräuleins ver= gleicht er dem Himmelreiche, in welches Krüppel und Lahme gerufen werden, da die geladenen Gäste aus= geblieben (Mamsell N. N.); sich selbst, der aus der Antichambre des Grabes, dem Bett, ins Leben wieder= gekehrt, wenn auch halb verhüllten Hauptes, herum wandere, dem von den Todten aufgeweckten Lazarus (an Kar. Herder 1785) und das ecce homo! sieht er in umgekehrtem Sinn vom Kaiser Napoleon auf sich angewendet (an Reinhard 2. Dec. 1808). Die Bibel in profanem, weltlichem Sinne zu verwenden trug der Dichter kein Bedenken, der die heiligen Geschichten in natürlichem Lichte zu sehen und überall das Ewig= menschliche aufzusuchen gewohnt war.

Zuweilen geschieht es wohl, daß Goethe Bibel= stellen einer den Situationen, auf welche er sie bezieht, analogen Umbildung unterwirft. Den ephesischen Gold= schmied z. B., der nach der Apostelgeschichte gegen die

Verkünder der neuen, seine Kunst gefährdenden Lehre
ein Getümmel erregt, läßt er vom Aufruhr des Volkes
ungestört und hingebungsvoll an dem Werke, das er
unter Händen hat, weiter schaffen (Groß ist die Diana
der Eph.). Die Parabel Nathans von dem einigen
Schäflein des armen Mannes, dem der reiche es nimmt,
um es einem Gaste zuzurichten, erfährt in den Worten
seines Brakenburg (Egmont V.) die entsprechende Aende=
rung: „Er war der reiche Mann und lockte des armen
einziges Schaf zur besseren Weide herüber." Vor dem
geöffneten Fäßchen pikanter Eßwaaren, die ihm Zelter
geschickt, ruft er das Räthsel Simsons humoristisch
parodirend aus (22. Jan. 1808): „Speise ging vom
Gefreßnen und Stärke vom Aufgezehrten," und den
Lobgesang der himmlischen Heerschaaren variirt er in
den Abschiedsworten eines Briefes an den genannten
Freund (Nr. 818): „Friede mit Gott und ein Wohlge=
fallen an wohlwollenden Menschen!"

Was endlich den lehrhaften Theil der Bibel betrifft,
so hat sich Goethe von ihm angeeignet, was er zu
seiner sittlichen Kultur und Stärkung gebrauchen konnte.
Besonders werthvoll waren ihm die Parabeln Christi,
„in denen die lebendige Lehre, die Lehre, die keinen
Streit erregt, ausgesprochen ist" (W. M. Wanderj. II. 2).
„Ich bin ein sehr irdischer Mensch, schreibt er an
Lavater 28. Okt. 1779, mir ist das Gleichnis vom
ungerechten Haushalter, vom Säemann, von der Perle,
vom Groschen ꝛc. ꝛc. göttlicher (wenn ja was Göttliches
da sein soll), als die sieben Bischoffe, Leuchter, Hörner,
Siegel, Sterne und Wehe der Apokalypse." Und so
hatten ihn denn des Domenico Feti bildliche Darstel=
lungen derselben besonders angesprochen und die so geist=
reichen, naiven Einzelnheiten seiner Compositionen sich
ihm lebendig eingedrückt (D. u. W. X.), wie er auch

in den Wanderjahren (II. 2) unter den neutestament=
lichen Bildern denjenigen eine vorzüglich fesselnde und
anregende Kraft beimißt, welche die Gleichnisse zum
Gegenstande haben. Ebenso aber trug er kein Be=
denken abzulehnen, was ihm von biblischen Sätzen ja
etwa ethisch unfruchtbar erschien. Den Salomonischen
Satz, daß alles eitel sei, erklärte er für falsch, ja
gotteslästerlich, weil er die Idee des Ewigen, Noth=
wendigen, Gesetzlichen aufhebe (D. u. W. XVI.); das
Leben der Mühe nicht für werth, wenn alle Weisheit
der Welt (nach dem Apostel) Thorheit vor Gott sei
(Spr. in Pr. 429), und in jener großen Forderung,
man solle seine Feinde lieben, das Wort „lieben“ für
gemißbraucht, oder wenigstens in sehr uneigentlichem
Sinne gebraucht, wogegen er mit vieler Ueberzeugung
den weisen Spruch wiederholte, daß man einen guten
Haushalter hauptsächlich daran erkenne, wenn er sich
des Widerwärtigen vortheilhaft zu bedienen wisse (Biogr.
Einzelh. Kotzebue). Dabei aber steht er doch wieder
auf ebenso hochmoralischem, wie echt christlichem Stand=
punkt, wenn er sagt, daß wir uns zu großen Natur=
gaben (mit dem Psalmisten) ein reines Herz von Gott
erbitten sollten (Wanderj. L 10), oder wenn er vor
dem Wissenshochmuth warnt, der der Liebe entbehrt,
und das bekannte Wort des Paulus sich in den Versen
des Divan aneignet:

> Märkte reizen dich zum Kauf,
> Doch das Wissen blähet auf;
> Wer im Stillen in sich schaut,
> Lernet, wie die Lieb' erbaut.
> Bist du Tag und Nacht beflissen
> Viel zu hören, viel zu wissen,
> Horch an einer andern Thüre,
> Wie zu wissen sich gebühre!

Soll das Rechte zu dir ein,
Fühl in Gott was Rechts zu sein!
Wer von reiner Lieb' entbrannt,
Wird vom lieben Gott erkannt. —

Hier denn also die Reflexe des „Weltspiegels" der Bibel (an Zelter 14. Nov. 1816) in Wort und Schrift unsers Dichters.

Altes Testament.

heiligen Bücher des israelitischen Volkes nehen so glücklich beisammen, daß aus den Elementen ein täuschendes Ganze entgegentritt. und vollständig genug um zu befriedigen, frag= genug um anzureizen; hinlänglich barbarisch uu₁₃u₁ordern, hinlänglich zart um zu besänftigen; wie manche andere entgegengesetzte Eigenschaften an diesen Büchern, an diesem Buche zu rühmen! M. Lehrj. II, 2.

Schon zu Paulus Zeiten ward diese (Zungen=) in der Gemeine gemißbraucht. — Sie hemmten reinen Fluß der Lebenslehre, um die Wasser zu ersten Höhe zu dämmen, brüteten dann mit ihrem Geiste über der Finsternis und bewegten die Zwo bibl. Fr. II. — I. Mos. 1, 2: Und es nnster auf der Tiefe und der Geist Gottes schwebte dem Wasser.

Als die Welt im tiefsten Grunde Lag an Gottes er Brust, Ordnet' er die erste Stunde Mit er= Schöpfungslust, Und er sprach das Wort: werde! Divan VIII, 43, 9 fg. — I. Mos. 1, 3.

Laß mir die Hoffnung Dich heute zu sehen, und werde aus Morgen und Abend wieder ein glück= Tag. An Frau v. Stein 8. Sept. 1780. — ˷)oſ. 1, 5: Da ward aus Morgen und Abend der Tag.

Tischbein, sagte Goethe gelegentlich, ist ein rück=

schreitender Jehovah: erst hat er Menschen gemalt, nun
malt er Thiere. Riemer, Aphor. u. Broc. I, S. 326.
Vgl. unter Offenb. 1, 4. — I. Mos. 1, 25—26.
Fühle die Gegenwart des Allmächtigen, der uns nach
seinem Bilde schuf. Werth. 10. Mai 1771. — Mußte
er Menschen machen nach seinem Bilde, ein Geschlecht,
das ihm ähnlich sei, was müssen wir fühlen, wenn wir
Brüder finden, unser Gleichnis, uns selbst verdoppelt!
An Aug. Gr. Stolb, 26. Juni 1775. — Gott hat den
Menschen gemacht Nach seinem Bilde, Dann kam er
selbst herab, Mensch lieb und milde. 8. Xen. I, 71. —
I. Mos. 1, 27: Gott schuf den Menschen ihm zum Bilde.*)
Deinem Unterricht dank ich's, Genius, — daß in
meine Seele ein Tropfen sich senkt der Wonneruh des
Geistes, der auf solch eine Schöpfung herabschauen und
gottgleich sprechen kann: Es ist gut! Von deutscher
Baukf. — Es (die Schafgruppen von H. Roos) sind keine
natürlichen Schafe, sondern es ist, als wenn ein Gott,
nachdem er sie gemacht hat, zu ihnen sagte: sie sind
gut. An Merck 11. Okt. 1780. — Natürlich, wenn
ein Gott sich erst sechs Tage plagt, Und selbst am Ende
bravo sagt, Da muß es was Gescheites werden. Faust I,
2441 fg. — Gut! rief er (Jehovah) sich zum Meister=
lohn. Divan X, 10 7. — I. Mos. 1, 31: Und Gott
sahe an alles, was er gemacht hatte, und siehe da,
es war sehr gut.
Der Mensch ohne Hülle ist eigentlich der Mensch;
der Bildhauer steht unmittelbar an der Seite der
Elohim, als sie den unförmlichen, widerwärtigen Thon
zu dem herrlichsten Gebilde umzuschaffen wußten.

---

*) Parodirt in Invect. 34 (v. Loeper G.s Ged. III, S. 344):
Der Weihrauch der euch Göttern glüht, Muß Priestern lieblich
duften, Sie schufen euch, wie jeder sieht, Nach ihrem Bild zu
Schuften.

Wanderj. III. 3. — I. Mof. 2, 7: Und Gott machte
den Menschen aus einem Erdenkloß.
⚹ So was von einer Frau gesagt zu haben würde
mich toll machen. Ich würde mich des Paradieses
und meiner Eva unwürdig halten und mich an den
ersten Baum hängen, und wenn es der Baum des Lebens
wäre. An Behrisch 3. Nov. 1767. — I. Mof. 2 (9).
Ich kann mit Recht von meiner Darstellung (des
Tasso) sagen: Sie ist Bein von meinem Bein und
Fleisch von meinem Fleisch. Eckerm. Gespr. III, 6. Mai
1827. Dasselbe sagt G. von seiner Farbenlehre, an
Carlyle 6. Juni 1830. Vgl. Fauft II, 1, 5623: Bist
Geist von meinem Geiste. — I. Mof. 2, 23: Das ist doch
Bein von meinen Beinen und Fleisch von meinem Fleisch.
Nicht das Mädchen allein läßt Vater und Mutter
zurück, wenn sie dem erwählten Mann folgt, Auch
der Jüngling er weiß nichts mehr von Mutter und
Vater, Wenn er das Mädchen sieht, das einzig ge=
liebte, davonziehn. H. u. Dor. Cut., V. 320 fg. —
I. Mof. 2, 24: Darum wird ein Mann seinen Vater
und seine Mutter verlassen und an seinem Weibe hangen.
Fürchte nicht, liebliches Mädchen, die Schlange, die
dir begegnet; Eva kannte sie schon; frage den Pfarrer,
mein Kind. Ven. Epigr. Weim. Ausg. I. S. 459. —
I. Mof. 3, 1 fg.
Eritis sicut deus scientes bonum et malum, schreibt
Mephistopheles dem Schüler ins Stammbuch, Fauft I.
2048. — I. Mof. 3, 5.
Der Aepfelchen begehrt ihr sehr Und schon
vom Paradiese her. Von Freuden fühl ich mich be=
wegt, Daß auch mein Garten solche trägt. Fauft I.
4132 fg. — Der arme Freund ist ausgezogen Und fast
wie Adam bloß und nackt. Warum auch schlich er
diese Wege Nach einem solchen Aepfelpaar, Das freilich

schön im Mühlgehege, So wie im Paradiese war. Müller. Verr. — Erinnert euch, verfluchtes Pack, Des paradiesischen Falles! Hat euch die Schöne nur im Sack, So gilt sie euch für alles. Z. Xen. IV, 223. — I. Mos. 3, 6.

Der Arzt leitete meine Aufmerksamkeit von der Kenntnis des menschlichen Körpers und der Specereien auf die übrigen nachbarlichen Gegenstände der Schöpfung und führte mich wie im Paradiese umher, und nur zuweilen, wenn ich das Gleichnis fortsetzen darf, ließ er mich den in der Abendkühle wandelnden Schöpfer aus der Entfernung ahnen. W. M. Lehrj. VI. — I. Mos. 3, 8: Und sie hörten die Stimme des Herrn, der im Garten ging, da der Tag kühle geworden war.

Die Menschen sind vom Fluch gedrückt, der auf die Schlange fallen sollte; sie kriechen auf dem Bauche und fressen Staub. An Fr. v. St. 8. Sept. 1780. — Staub soll er fressen und mit Lust, Wie meine Muhme, die berühmte Schlange. Faust I, 334. — I. Mos. 3, 14: Auf deinem Bauch sollst du gehen und Erde essen dein Leben lang.

Reichte die schädliche Frucht einst Mutter Eva dem Gatten, Ach! vom thörichten Biß kränkelt das ganze Geschlecht. Versuchung. — I. Mos. 3, 16 f.

Er gräbt und hacket frisch das Land, Wie's Adam einst befehligt worden. Bänkelsängerl. 26. Juli 1785. — Jeder Mensch ist ein Adam; denn jeder wird einmal aus dem Paradiese — der warmen Gefühle vertrieben. Mitte Juli 1820. v. Biederm. G.s Gespr. IV, Nr. 755. — I. Mos. 3, 23.

Wär uns das nicht genug, wir wollten uns mit unsern Brüdern gleich Cherubs mit flammenden Schwertern vor die Grenzen des Reiches lagern. Götz III. — Nun stockt der Fuß die Schwelle meidend, Als trieb

ein Cherub flammend ihn von hinnen. Marienb.
Eleg. 21. — I. Mos. 3, 24.

Ihr seid gesegnet wie der Mann, der den Herrn
fürchtet. Von mir sagen die Leute, der Fluch Kains
läge auf mir. Keinen Bruder habe ich erschlagen!
An Kestn. 16. Juni 1773. — I. Mos. 4.

Was sagt man, als daß man über die unsinnigen
Sujets endlich selbst toll wird. Es ist als da sich die
Kinder Gottes mit den Töchtern der Menschen ver=
mählten: da wurden Ungeheuer daraus. It. Tageb.
13. Oct. 1786. — I. Mos. 6, 4: Da die Kinder Gottes
die Töchter der Menschen beschliefen, wurden daraus
Gewaltige in der Welt.

Nachdem sich die Wasser der epischen Sündflut in
Deutschland verlaufen, so hätte man die Trümmer der
Bodmerischen Arche auf dem Gebirge der Andacht
weniger Pilgrime überlassen können. Frankf. gel. Anz.
XII, 1772. In Nr. XLIX ebb. spricht der Dichter
von einer homiletischen Sündflut, in welcher Bahrdt
die Bilder der morgenländischen Dichtkunst ersäuft; in
Dicht. u. Wahrh. VI von einer wahren Sündflut, mit
welcher das Gottschedische Gewässer die Welt über=
schwemmt habe. Ebb. VII nennt er Bodmers Noachide
ein vollkommnes Symbol der um den deutschen Par=
naß angeschwollenen Wasserflut, die sich nur langsam
verlief. Das Ölblatt des ausgesendeten Boten be=
gegnet in W. M. Lehrj. IV, 11. Beiläufig bemerkt
sei noch, daß der Schattenspielmann im Jahrmarkts=
fest zu Plundersw. von Erklärungen begleitete Bilder
aus der Genesis bis zur Sündflut erscheinen läßt. —
I. Mos. 6 — 8.

Noch spukt der Babylon'sche Thurm, Sie (die Par=
teien) sind nicht zu vereinen. Sprichw. 66. — Was auch
als Wahrheit oder Fabel In tausend Büchern dir er=

scheint, Das alles ist ein Thurm zu Babel, Wenn es
die Liebe nicht vereint. Z. Xen. III, 153. — Man
staune, wie (das feste Land) mit einem sich wimmelnd
durchkreuzenden Ameisengeschlecht übergossen ist. Hierzu
hat Gott der Herr selbst Anlaß gegeben, indem er
den babylonischen Thurmbau verhindernd das Men=
schengeschlecht in alle Welt zerstreute. Wanderj. III.
8. — I. Mos. 11, 7.*)

Ein protestantischer Landgeistlicher erscheint wie
Melchisedek als Priester und König in einer Person.
Dicht. u. W. X. — Um Rafael recht zu erkennen, ihn
recht zu schätzen und wieder auch nicht ganz als einen
Gott zu preisen, der wie Melchisedek ohne Vater und
ohne Mutter erschienen wäre, muß man seine Vor=
gänger, seine Meister ansehen. It. Reise 18. Oct.
1786. — I. Mos. 14, 18: Aber Melchisedek, der Kö=
nig von Salem, — war ein Priester Gottes; Br. an
die Hebr. 7, 3: M., ohne Vater, ohne Mutter, ohne
Geschlecht.

Laß ihn! Ist seine Hand wider jedermann, Wird
jedermanns Hand sein wider ihn. Prometh. II, 103 f. —
I. Mos. 16, 12: Er wird ein wilder Mensch sein,
seine Hand wider jedermann und jedermanns Hand
wider ihn.

Sarah kocht' unserm Herregott, Elisabeth Götzen
in der Noth, Nahmen sich ihres Hauses an, Waren
Gott lieb, waren lieb dem Mann. Du sorgest für die
Freunde hier; Drum, liebes Weibchen, dank' ich dir.
In das Kalend. der Fr. Hofr. Kämpf, 18. Juli 1774. —
I. Mos. 18, (6).

---

*) Babelgedanke, Von deutscher Baut. Im Norden sieht es
gar zu babylonisch aus. An Boiss. 17. Ott. 1817. Berlin das
neue Babylon. An dens. 10. Juli 1816.

Vielleicht peitscht mich bald die unsichtbare Geißel
der Eumeniden wieder aus meinem Vaterland, ob ich
gleich gerne Lot und seine Hausgenossen in Eurem
Sodom wohl einmal grüßen möchte. An Mad. Kar-
schin 17. Aug. 1775. — Bei uns geht es von der einen
Seite lustig, von der andern traurig zu; wir stellen
eine wahre Haupt- und Staatsaction vor, worin ich
den Jaques (s. Shakesp. Wie es euch gefällt, oder die
Freundinnen) nach meiner Art und Weise repräsentire.
Im Vordergrunde hübsche Weiber und Weinkrüge und
hinten Flammen, wie Lot mit seinen Töchtern vor-
gestellt wird. An Fr. H. Jacobi 7. Juli 1793. —
I. Mos. 19.
Nichts bleibt übrig als das langweilige Stück Par-
thenia, die man gern wie den Widder aus dem Busch
bei den Hörnern kriegte um dem Elend ein Ende zu
machen. Götter, Helden und Wieland. — Du kannst Dich
wohl trösten, daß Du Deinen ältesten Sohn an den
Altar des Vaterlandes geführt und ihn dem Opfer-
messer des Zufalls anheimgegeben hast, da Dir die
Götter nicht etwa wie ihrem Liebling, dem Abraham,
ein Surrogat in einem Widder gegeben haben, sondern
ein leibhaft Gleiches und wegen seines Werdens und
Wachsens noch Angenehmeres. An Knebel 7. Febr.
1814. — Erstlich soll die Zibethkatze gerühmt sein, die
mir, wie jener Widder im Busch dem voreilig opfern-
den Alten, aus aller Verlegenheit hilft. An Schultz
7. Mai 1823. — I. Mos. 22, 13.
Wer nicht wie Elieser mit völliger Resignation in
seines Gottes überall einfließende Weisheit das Schicksal einer ganzen zukünftigen Welt dem Tränken der
Kameele überlassen kann, der ist freilich übel dran.
An Trapp 28. Juli 1770. — I. Mos. 24, 14.
(Viele Wohlthäter möchten ihren Begünstigten sämt-

liche Rechte gern abhandeln für eine Linse. Wanderj.
I, 5, Pilg. Thörin. — I. Mof. 25, 31—34.)
„Daß der Weg von hier zu Euch Wie Jacobs
Leiter sei sicher und gleich“, — wünscht G. dem lieben
teutschen Haus. An Kestn. J. G. I. S. 341. — Gar
manche Boten, welche auf der Himmelsleiter nach Berlin
und von dort her auf= und absteigen, sind bei mir
eingetreten. An Zelt. 22. Apr. 1828. — I. Mof.
28, 12.
Bäume pflanz’ ich jetzt, wie die Kinder Israel
Steine legten zum Zeugnis. An Merck 5. Aug. 1778. —
I. Mof. 31, 46 f.: Und sie nahmen Steine und machten
einen Haufen. — Da sprach Laban: Der Haufe sei heute
Zeuge zwischen dir und mir.
Ich lasse Sie nicht; Jacob rang mit einem Engel,
und sollt’ ich darüber lahm werden. An Herd. Sommer
1771. — Das Elend wird mir nach und nach so pro=
saisch wie ein Kaminfeuer. Aber ich lasse doch nicht
ab von meinen Gedanken und ringe mit dem unbe=
kannten Engel, sollt’ ich mir die Hüfte ausrenken.
Tageb. 25. Juli 1779. — Nun hat mich zuletzt das A
und O aller uns bekannten Dinge, die menschliche
Figur angefaßt und ich sie und ich sage: „Herr, ich
lasse dich nicht, du segnest mich denn, und sollt’ ich
mich lahm ringen.“ It. R. 23. Aug. 1787. — Mit Ra=
fael zu ringen ist so gefährlich als mit Phanuel. Auff.
zur Kunst, Zu malende Gegenst. „Es ist Gott selbst;
denn Phanuel eigentlich Pnuel oder Pniel, V. 31, be=
deutet Angesicht Gottes.“ — I. Mof. 32, 24 f.
Kannst du leben, Adelbert, und einen mächtigen
Nebenbuhler blühen sehen? Frißt nicht die magerste
Ähre seines Wohlstandes deine fettesten? indem sie rings
umher verkündet: Adelbert wagt nicht mich auszureißen.
Gesch. Gottfr. v. Berl. II. — I. Mof. 41, 7.

Möge die von lang her geliebte, immer schöne und, wie ich höre, immer verschönerte Mühle des Glückes genießen, wie das alte ägyptische Gosen, von diesem Unheil (der Witterung) ausgenommen zu sein. An Willemer u. Frau 12. Juni 1829. — Es war so hell vor uns aufwärts als wie im Lande Gosen. Schweiz. Reise 10. Nov. 1779. — Wie im Lande Gosen sonnt es rings um dich. An S. v. Ziegesar 21. Juni 1808. — I. Mof. 47, 6 f.*)

„Und es kam ein neuer König auf in Ägypten, der wußte nichts von Joseph", pflegte G. zu sagen, wenn eine jüngere Generation nicht wußte, was bereits früher in Weimar geschehen und geleistet war. Riemer Mitth. II, 154 Anm. 3. — II. Mof. 1, 8.

So wie Moses, kaum geboren Gewissem Tode be= stimmt, Wunderbar ward gerettet: So mancher, schon halb verloren, Da der Feind einbrang ergrimmt, Ward wieder froh und glücklich gebettet. Zu Gemälden einer Kapelle. — II. Mof. 2, 1—10.

O, wir anderen dürfen uns wohl mit jenen ver= gleichen, Denen in ernster Stund erschien im feurigen Busche Gott, der Herr; auch uns erschien er in Wolken und Feuer. Herm. u. Dor. Polyh. 235 f. Vgl. Faust I, 3218: Erhabner Geist, Du hast mir nicht umsonst Dein Angesicht im Feuer zugewendet. — II. Mof. 3, 2 f.

Alle Gleichnisse aus Weissens „Julie" von Mehl= tau, Maifrost, Nord und Würmern können die Land= plage nicht ausdrücken, die Kästners Schlangenstab über Jung (Stilling, in einer brieflichen Kritik über ein eingesandtes Manuscript desselben) gedeckt hat. An Herb. Sommer 1771. — Liebesbücher und Jahrgedichte

---

*) Weimar, das Land Gosen des rationellen Realismus. An Varnhagen 25. Apr. 1830.

Machen bleich und hager; Frösche plagten, sagt die Geschichte, Pharaonen auf seinem Lager. Sprichw. 206. — II. Mos. 8, 6—14.

Zwar habe ich es gemacht, wie das Volk Israel bei seinem Auszuge aus Ägypten. Sie werden verschiedenes vermissen. An Oeser 30. Jan. 1783. — II. Mos. 12, 35—36: Dazu hatte der Herr dem Volke Gnade gegeben vor den Egyptern, daß sie ihnen (Geräthe und Kleider) leiheten, und entwandten es den Egyptern.

Mir fehlte (beim Anhören Paganinis) zu dem, was man Genuß nennt, und was bei mir immer zwischen Sinnlichkeit und Verstand schwebt, eine Basis zu dieser Flammen- und Wolkensäule. An Zelt. 9. Nov. 1829. — II. Mos. 13, 21—22.

Sie (die fürstlichen Glieder) können weder stille sitzen, noch andere lassen. Wenn's noch eine französische Chaussee wäre, ließ ich's gelten; aber ein Zug durch's rothe Meer nach des (Wolfenbüttler) Ungenannten Beschreibung! (welcher im 3. der von Lessing herausgegebenen Fragmente denselben als unmöglich beschreibt). An Fr. v. St. 2. Jan. 1782. — Ich hielt es hier nicht acht Tage aus. Als Einheimischer, versteht sich; ein Fremder kommt immer wie Israel durch's rothe Meer, ein Zauberstab macht die feuchten Wände stehend; wehe dem, über den sie zusammenschlagen! An Fr. v. St. 9. Mai 1782. — Die Procession sah einen reinlichen Schlangenweg durch den Morast gebahnt. Ich glaubte die Kinder Israel zu sehen, denen durch Moor und Moder ein trockner Pfad bereitet wurde. It. R. 15. Apr. 1787. — Man hatte sich auf den zähen, hie und da quelligen rothen Thonfeldern nothgedrungen unvorsichtig eingelassen. Ich schien mir in meinem Wagen wie eine Parodie von Pharao im rothen Meere;

denn auch um mich her wollten Reiter und Fußvolk in gleicher Farbe gleicher Weise versinken. Camp. in Fr. 4. Oct. 1792. — Die Menschen sind wie das rothe Meer. Der Stab hat sie kaum auseinander gehalten, gleich hinterbrein fließen sie wieder zusammen. Spr. in Prosa 253, v. Loeper. — II. Mos. 14.

Auch weichen wir vor Eurer (des Kaisers) Stimme, wie Israel vor dem Donner auf dem Sinai. Gesch. Gottfr. v. Berl. II. — II. Mos. 19, 16.

Das sechste Gebot, welches schon in der Wüste dem Elohim Jehovah so nöthig schien, daß er es mit eigenen Fingern in Granittafeln einschnitt, wird in unsern löschpapiernen Katechismen immerfort aufrecht zu halten nöthig sein. An Zelt. 29. Jan. 1830. — II. Mos. 20, 14; 31, 18.

Er (der von Z. zurückkehrende Eberwein) kommt mir vor wie Moses, der vom Berge kam und dessen Gesicht glänzte. An Zelter 7. Nov. 1808. — II. Mos. 34, 29.

Ich will tugendhaft sein und morgen nicht nach Kochberg gehen. Ein gutes Werk, das euch nutze ist, lockt mich an. Ich bin wie der Bock, der für die Sünden der Gesellschaft in der Wüste spazieren muß. An Kneb. 13. Febr. 1779. — Ich bin, wie immer, der Sündenbock. An Merck 28. Aug. 1782. — III. Mos. 16, 5—10.

Wenn ich heimlich mit mir nicht zufrieden bin, so sind Sie mir die eherne Schlange, zu der ich mich aus Sünd und Fehlern aufrichte und gesund werde. An Fr. v. St. 5. Juni 1780. — Was sie (Madame Brun) und ihr Cirkel sich für eine Terminologie gemacht hat, um das zu beseitigen, was ihnen nicht ansteht, und das, was sie besitzen, als die Schlange Mosis aufzurichten, ist höchst merkwürdig. An Schiller 19. Juli

1795. — IV. Mof. 21, 8: Mache dir eine eherne Schlange und richte sie zum Zeichen auf; wer gebiffen ift und fiehet fie an, der soll leben.

Spreche immer in tieffter Beklemmung mit mir und meinem Efel, weilft eine ganze kleine Welt fich nach mir befchäftigt. Amen. An Joh. Fahlmer Aug. 1775. — Rom! Rom! noch zwei Nächte! und wenn uns der Engel des Herrn nicht auf dem Wege fchlägt, find wir da. It. Reifetageb. 27. Oct. 1786. — IV. Mof. 22—30.

Ich verzieh den unleiblichen Gegenftand (Befchnei= bung von Guercin) und freute mich an der Aus= führung. — Und fo geht mir's denn wie Bileam, dem confufen Propheten, welcher fegnete, da er zu fluchen gedachte. It. R. 19. Oct. 1786. — Übrigens bekömmt es uns ganz wohl, daß wir mehr an Natur als an Freiheit glauben und die Freiheit, wenn fie fich ja ein= mal aufbringt, gefchwind als Natur tractieren; denn fonft wüßten wir gar nicht mit uns felbft fertig zu werden, weil wir fehr oft in den Fall kommen wie Bileam da zu fegnen, wo wir fluchen follen. An Schill. 5. Juli 1803. — Der Recenfent wird zuletzt wie Bileam feinen Fluch mit Segnungen abzufchließen vom guten Geifte genöthigt. Auff. z. Lit. Hemp. A. Nr. 193, 1824. — IV. Mof. 23, 11.

Ift das die Belohnung der Treue? der kindlichften Ergebenheit? — auf daß dir's wohl gehe und du lange lebeft auf Erden. Göz IV. — V. Mof. 5, 16.

Ich habe oft Gott um Thränen gebeten, wie ein Ackermann um Regen, wenn der Himmel ehern über ihm ift und um ihn die Erde verdürftet. Werth. 3. Nov. 1772. Vgl. Eugen. V, 6: Ift denn der Himmel ehern über mir? — V. Mof. 28, 23: Der Himmel, der über deinem Haupt ift, wird ehern fein. Der Herr wird deinem Lande Staub und Asche für Regen geben vom Himmel.

Wer erkennet es nicht, daß seit dem schrecklichen Brande (Gott uns) gnädig beschützt, so wie der Mensch sich des Auges Köstlichen Apfel bewahrt, der vor allen Gliedern ihm lieb ist. Herm. u. Dor. Kalliope 176 f. — V. Mos. 32, 10 (Psalm 17, 8): Er behütete ihn wie seinen Augapfel.

Ich finde Ursache Sie zu beneiden, daß Sie das Land betreten und durchwandern, das ich wie ein sündiger Prophet nur in dämmernder Ferne vor mir liegen sehe. An Kayser 24. Juni 1784. — Der Ord=nung in diesem Geschäft (der Bibliothekseinrichtung) — seh' ich entgegen wie Moses dem gelobten Lande und fürchte fast das Ziel nicht mehr zu erreichen An Eich=städt 11. Apr. 1804. — Ich möchte wohl mit einem solchen Manne das Feld durchwandern, wohin ich jetzt nur wie Moses vom Berge hinsehe. An Zelt. 26. Aug. 1826. — V. Mos. 34, 4. IV. Mos. 20, 12.*)

Ihr erscheinet mir heut als einer der ältesten Führer, Die durch Wüsten und Irren vertriebene Völker geleitet. Denk' ich doch eben, ich rede mit Josua oder mit Moses. Herm. u. Dor. Polyh. 225 f.

Mit mir verfährt Gott wie mit seinen alten Hei=ligen und ich weiß nicht, woher mir's kommt. Wenn ich zum Befestigungszeichen bitte, daß möge das Fell trocken sein und die Tenne naß, so ist's so und um=gekehrt. An Fr. v. St. 10. Dec. 1777. — Richter 6, 36—40.

Man darf Torquato Tasso und Byron nicht mit einander vergleichen, ohne den einen durch den anderen zu vernichten. Byron ist der brennende Dornstrauch,

---

*) Italien das gelobte Land. An Herz. K. A. 18. März 1788.

der die heilige Ceder des Libanon in Asche legt. —
Mit einer einzigen Zeile des Don Juan könnte man
das ganze befreite Jerusalem vernichten. Eckerm. I,
18. Mai 1824. — Richt. 9, 15: Und der Dornbusch
sprach zu den Bäumen: Ist's wahr, daß ihr mich zum
Könige salbet über euch, so kommt und vertrauet euch
unter meinen Schatten; wo nicht, so gehe Feuer aus
dem Dornbusch und verzehre die Cedern Libanons.
Die alte (Simson-) Mythe ist eine der ungeheuersten.
Eine ganz bestialische Leidenschaft eines überkräftigen,
gottbegabten Helden zu dem verfluchtesten Luder, das
die Erde trägt; die rasende Begierde, die ihn immer
wieder zu ihr führt, ob er gleich bei wiederholtem Ver-
rath sich jedesmal in Gefahr weiß; diese Lüsternheit,
die selbst aus der Gefahr entspringt, der mächtige Be-
griff, den man sich von der übermäßigen Prästanz
dieses riesenhaften Weibes machen muß, das im Stande
ist einen solchen Bullen zu fesseln. An Zelt. 19. Mai
1812. — Richt. 14—16.

Speise ging vom Gefreßnen und Stärke vom Aufgezehrten, also sagt' ich, indem Ihr kraftgefüllter Kasten
ausgepackt wurde (der u. a. ein Fäßchen „zur Erregung
guten Appetits" bienender Mixedpickles enthielt). An
Zelt. 22. Jan. 1808. — Nach dem Räthsel Simsons:
Speise ging von dem Fresser und Süßigkeit von dem
Starken, Richt. 14, 14.

Fort in's Land der Philister, ihr Füchse mit brennen-
den Schweifen, Und verderbet der Herrn reife papierene
Saat. Xen. 43, Feindl. Einfall. — Richt. 15, 4—5.

Solche Handlungen (der Großmuth) sind, wie bekannt, die echten Eselskinnbacken, womit man die Philister erlegt. An Lav. 19. Febr. 1781. — Richt. 15, 16.

Man lehrte mich, Mädchen, wenn sie liebten, seien
schwächer als Simson nach dem Verlust seiner Locken.

Göz I. — Hab' ich tausendmal geschworen Dieser Fal=
schen nicht zu trauen Und doch bin ich neu geboren,
Läßt sie sich in's Auge schauen. Mag sie doch mit
mir verfahren, Wie's dem stärksten Mann geschah:
Deine Scheer' in meinen Haaren, Allerliebste Delila!
Unüberwindlich. („Moderne Simsons=Werke", das
Neueste von Plund. B. 240.) — Richt. 16, 17 f.
Wenn der verfluchte Pfaff nicht schuldig ist (an
dem Unglück Jerusalems), so verzeih mir's Gott, daß
ich ihm wünsche, er möge den Hals brechen wie Eli.
An Kestn. 1772, J. G. I, S. 324. — I. Sam. 4, 18.
Der Mann den ihr am Bilde seht, Scheint halb
ein Barde und halb Prophet. Seine Vorfahren
müssen's büßen, Sie liegen wie Dagon zu seinen Füßen;
Auf ihren Häuptern steht der Mann, Daß er seinen
Helden erreichen kann (Klopstock). Das Neueste v.
Plunderstw. B. 163 f., 1781. — Die Jünger des neuen
philosophischen Evangelii versichern, daß in der Ge=
burtsstunde der Metakritik (Herders) der Alte zu
Königsberg auf seinem Dreifuß nicht allein para=
lysiert worden, sondern sogar wie Dagon herunter
und auf die Nase gefallen sei. — Es fehlt nicht viel,
daß man nicht für nöthig und natürlich finde sämt=
liche Kantsgenossen gleich jenen widerspänstigen Baals=
pfaffen zu schlachten. An Schill. 5. Juni 1799. —
I. Sam. 5, 3 f.: Und da die von Asbod des Morgens
frühe aufstanden, fanden sie Dagon (den Gott der
Philister) auf seinem Antlitz liegen auf der Erde.
II Kön. 10, (25).*)
Du (Meister) kommst mir vor wie Saul, der Sohn
Kis', der ausging seines Vaters Eselinnen zu suchen

*) Baalspfaffen nennt G. in Nr. 214 der Xenien die Priester
der Freiheit.

unb ein Königreich fand. Lehr. VIII, 10. — I. Sam.
9—10.

Ich kaufe hier (in Mailand) einen Hammer und
werde an den Felsen klopfen, um des Todes Bitterkeit
zu vertreiben. An Kneb. 24. Mai 1788. — Freilich
wenn man dessen (des Todes) Bitterkeit vertreiben
will, muß man es mit den Mitteln so genau nicht
nehmen. Camp. in Fr. 27. Sept. 1792. — I. Sam.
15, 32: Also muß man des Todes Bitterkeit ver=
treiben.

Ach, ich war auch in diesem Falle. Als ich die
Weisen hört' und las, Da jeder diese Welten alle
Mit seiner Menschenspanne maß, Da fragt' ich: Aber
sind sie das, Sind das die Knaben alle? Den Männern
zu zeigen. — I. Sam. 16, 11: Samuel sprach zu Isai:
Sind das die Knaben alle?

G. zu Felix: Du bist mein David; sollte ich krank
und traurig werden, so banne die bösen Träume durch
dein Spiel; ich werde auch nie wie Saul den Speer
nach Dir werfen. G. und F. Mendelsohn=Bart. von
K. Mend. Bart. S. 21. Wie auch Frau Aja das
Mittel, das weiland König Saul gegen den bösen
Feind so probat fand, fleißig gebraucht hat. An Herz.
U. Amalie 22. Oct. 1782. — I. Sam. 16, 23.

Der Kaiser hat Execution gegen mich verordnet,
die mein Fleisch den Vögeln unter dem Himmel und
den Thieren auf dem Felde zu fressen vorschneiden
soll. Götz III. — I. Sam. 17, 44: Ich will dein
Fleisch geben den Vögeln unter dem Himmel und den
Thieren auf dem Felde.

Gottsched, ein Mann so groß, als wär' er vom
alten Geschlechte Jenes, der zu Gab im Land der
Philister geboren Zu der Kinder Israels Schrecken
zum Eichgrund hinabkam. An Riese 30 Oct. 1766.

I. Sam. 17, 2—4: Aber Saul und die Kinder Israels
— lagerten sich im Eichgrunde u. s. w.

Der dürre Teufel (Behrisch) wird sich gefreut
haben etwas von seinem ehemaligen Jonathan zu
sehen. An x 6. Mai 1774.

Uebrigens versuche ich (in der Biographie des
Herzogs Bernhard) allerlei Beschwörungen mit Hocus=
pocus, um die Gestalten gleichzeitiger Helden und
Lumpen in Nachahmung der Hexe von Endor wenig=
stens bis an den Gürtel aus dem Grab steigen zu
lassen und allenfalls irgend einen König, der an Zeichen
und Wunder glaubt, in's Bockshorn zu jagen. An
Lav. 5. Juni 1780. — Diese Bemühungen (Shakespeare
in seiner Integrität hervorzaubern zu wollen) gehören
zu denjenigen, welche König Saul der Hexe von En=
dor zumuthete: die großen Todten hervorzurufen,
wenn wir uns selbst nicht zu helfen wissen. An Zelt.
30. Dec. 1825. Die Hexe von End. begegnet auch
in W. M. Lehrj. I, 17. — I. Sam. 28.

 Er war der reiche Mann und lockte des Armen ein=
ziges Schaf zur bessern Weide herüber. Egm. V. Um=
bildung der Parabel Nathans II. Sam. 12.

Gott erhalte ihn (Hamann) noch lange, da uns Na=
than (Lessing) entronnen ist. Die Krethi und Plethi
sterben nicht aus und der Kinder Zerujah sind so viel,
mit denen man nicht zu schaffen haben mag. An Fr.
H. Jacobi 12. Jan. 1785. — II. Sam. 15, 18; 16, 10.

Lassen sie mich an ihrer Seite das ganze Maß
meiner Existenz ausfüllen und des Lebens genießen,
so wird meine Kraft wie eine neu geöffnete, gesammelte,
gereinigte Quelle von einer Höhe nach Ihrem
Willen dahin oder dorthin zu leiten sein. Ich kann
nur sagen: Herr, hier bin ich, mach' aus deinem Knecht
was du willst. An Herz. K. Aug. 17. März 1788.

Einige Monate früher hatte G. in der Claudine v.
V. V. I. geschrieben: Mache nun aus deinem Knechte,
was du willst. — II. Sam. 15, 26: Siehe, hier bin
ich, er (der Herr) mache es mit mir, wie es ihm wohl=
gefällt.*)

Jammerschade, daß man ein so kostbares Natur=
product (Meteorstein) in Stücken schnitt, eben als wenn
nach Salomonischem Urtheil ein halbiertes Kind auch
eine Art von Säugling wäre. An Kneb. 20. Sept.
1819. — I. Kön. 3, 25.

Für sie war nichts unerreichbar, Der Kön'gin von
Saba vergleichbar. Wirkung in die Ferne. — I. Kön.
10, 1 f.

Deine Pakete gleichen immer den Schiffen aus
Ophir, besonders diesmal, da Du mir meine eignen
Affen (vielleicht einen „Maskenzug") zurücksendest.
Es freut mich, wenn sie Dich durch ihre Gaukelpossen
ergötzt haben. An Fr. H. Jac. 3. Dec. 1784. Vgl.
an Herz. K. Aug. 10. Febr. 1787: Ich möchte mein
Schiff in Ophir beladen; an Knebel 29. Nov. 1820:
Meyers Ladung, die er aus Ophir mitgebracht. —
I. Kön. 10, 11. 22.

Sie thun sehr wohl, daß Sie mich durch Ihre
Raben speisen lassen morgens und abends; denn es
ist doch eins der sichtbarsten und gewissesten Zeichen,
daß man im Himmel an die Propheten denkt. An
Fr. v. St. 24. Juni 1779. — I. Kön. 17, 2—6: —
Ich habe den Raben geboten, daß sie dich (Elia) daselbst
sollen versorgen. —

Auch hier geschieht, was längst geschah, Denn Na=

---

*) In Faust II, 4 treten die drei Gewaltigen auf, wie
G. hinzufügt nach II. Sam. 23, 8 (wo die drei Helden
Davids aufgeführt werden). Der Name „Eilebeute" stammt aus
Jes. 8, 1.

boths Weinberg war schon da. Fauft II, 5, 11286. —
Er (Fauft) ift darin (in feiner Unzufriedenheit) dem
israelitischen Könige Ahab nicht unähnlich, der nichts
zu befitzen wähnte, wenn er nicht auch den Weinberg
Naboths hätte. Eckerm. II, 6. Juni 1831. — Wie
könnt ihr euch fo wunderlich behaben, Als wolltet ihr
des Nachbarn Weinberg graben? Die erften Erz. der
Stotternh. Sal. 30. Jan. 1828. — I. Kön. 21.
Würd' nicht Elias felbft auf dem feurigen Wagen,
da ihn feurige Roffe zur Herrlichkeit des Herrn
führten, in diefem Falle fich zurück nach der Erde ge=
fehnt haben? Gefch. Gottfr. v. Berl. II. Vergl. an
Herz. K. A. 28. Oct. 1784: Es fehlt nur am feurigen
Wagen zu diefer Prophetenreife (Bodes).—II.Kön.2, 11.
Ihr guten Kinder, Ihr armen Sünder, Zupft mir
am Mantel — Laff't nur den Handel! Ich werde
wallen Und laß' ihn fallen; Wer ihn erwifchet, Der
ift erfrifchet. Z. Xen. V. 350. — II. Kön. 2, 13:
Und (Elifa) hub auf den Mantel, der ihm (Elias) ent=
fallen war.
Ich redete mit Lotten über die unglaubliche Ver=
blendung des Menfchenfinns, daß einer nicht argwoh=
nen foll, dahinter müffe was anders stecken, wenn
eins mit fieben Gulden hinreicht, wo man den Auf=
wand vielleicht um zweimal fo viel fieht. Aber ich
hab felbft Leute gekannt, die des Propheten (Elifa)
ewiges Oelkrüglein ohne Verwunderung in ihrem Haufe fta=
tuirt hätten. Werth. 11. Juli 1771.—II.Kön.4, 1—7.
Suche Du übrigens durch das Treiben Jehu, fo=
viel Du kannft, von diefer Sammlung (Dürerfcher
Kupferstiche) zufammenzubringen. An Lav. 1. Mai
1780. — II. Kön. 9, 20: Und es ift ein Treiben
wie das Treiben Jehus —; denn er treibet wie er
unfinnig wäre.

3*

Die Berge waren im Nebel, man fah nichts. —
Da faß ich mit schwerem Herzen, mit halben Ge=
danken, wie ich zurückkehren wollte. Und ich kam
mir vor wie der König, den der Prophet mit dem
Bogen schlagen heißt und der zu wenig schlägt. An
Fr. v. St. 11. Dec. 1777. — An einigen Orten hätt'
ich mit dem Bogen noch einmal schlagen können.
An dief. 14. Oct. 1779. — II. Kön. 13, 14—19:
Und er (Elifa) sprach (zu Joas): Nimm die Pfeile!
Und da er fie nahm, sprach er zum Könige Israels:
Schlage die Erde! Und er schlug dreimal und stand
stille. Da ward der Mann Gottes zornig auf ihn
und sprach: Hätteft du fünf= oder sechsmal geschlagen,
so würdest du die Syrer geschlagen haben, bis sie auf=
gerieben wären; nun aber wirst du sie dreimal schlagen.
    Wenn nach dem billigen Wunsch der Königin Esther
alles anders wäre, so möchte ich auch wohl schon
wieder in dem belaubten Pempelfort spazieren. An
Fr. H. Jac. 7. Juli 1793. Das Jahrmarktsfest zu
Plundersweilern bringt bekanntlich burleske Partieen
der „Historia von Esther in Drama".
    Hiobsartig, Beul' an Beule Der ganze Kerl, dem's
vor sich selber graut. Fauft II, 5, 11809 f. —
Zustand, in den unser Freund (J. Stilling) dadurch
(durch die mißlungene Operation) gerieth, läßt keine
Schilderung zu. Er wehrte sich gegen die
tieffte Verzweiflung von der schlimmsten Art.
wir spielten das unerfreuliche Drama Hiobs von
fang bis zu Ende durch, da denn der treue
die Rolle der scheltenden Freunde selbst
D. u. W. XVI. — Die Freunde: O laß die
klagen, Denn nach den schlimmsten Tagen Man
genießt! Hiob: Ihr wollet meiner spotten; denn ıı
gesotten, Was hilft es, daß die Quelle fließt? Z. Xen. ı,

Wenn die Zeit nicht noch so geschwinde liefe, wäre sie gar zu absurd. Du gehest vorüber, eh' ich's merke, und verwandelst dich, eh' ich's gewahr werde, steht im Hiob; ich hab's zum Motto meiner Morphologie genommen. Müller Unterh. mit G. 5. Febr. 1830. Denselben Spruch mit der Version: „Es geht vorüber, eh' ich's gewahr werde, Und verwandelt sich, eh' ich's merke," hat G. in das Stammbuch, das er Eckermann geschenkt, eingeschrieben. — Hiob 9, 11: Siehe, er (Gott) geht vor mir über u. s. w.

Ach! der mich liebt und kennt, Ist in der Weite. Mignon II, 7—8. — Hiob 16, 19: Und der mich kennet, ist in der Höhe.

Das thut die Jugend. Werden sich schon legen, die stolzen Wellen. Stella I. Vgl. Salomos güldene Worte I: Sein Stolz brauft auf wie Wellen des Meeres. — Hiob 38, 11: Hier sollen sich legen deine stolzen Wellen!

Wir sind schon durch so vieles Große (in der Schweiz) durchgegangen, daß wir wie Leviathane sind, die den Strom trinken und sein nicht achten. An Fr. v. St. 13. Nov. 1779. — Ich gönne Dir ihn (den Krokobilkopf) am liebsten, da Dich so etwas interessiert und Du ὀλίγην δρόσον πεπωκὼς βασιλεὺς ὅπως ἀείδεις (Anacreon an die Grille), wir hingegen dem Leviathan zu vergleichen sind, der den Strom verschlingt und sein nicht achtet. An Merck. 19. Mai 1783. — An Zelter 26. Oct. 1820 und 20. Aug. 1829 vergleicht Goethe die Berliner dem Leviathan. Vgl. Xen. N. 128 „Der Leviathan und die Epigramme:" Fürchterlich bist du im Kampf, nur brauchst du etwas viel Wasser u. s. w. — Hiob 40, 18: Siehe, er (der Behemoth) schluckt in sich den Strom und achtet's nicht groß.

Dies (was man gepflanzt und gepflegt hat unter-

gehen zu sehen) ist eine der großen Prüfungen, die
dem Langlebenden zugedacht ist, dem alsdann wie
dem ehrlichen Hiob eine humoristische Gottheit ander=
weitigen Ersatz reichlich gewähren möge. An Zelt.
3. Juli 1825. — Hiob 42, 12.

Am 7. Nov. 1776, dem Jahrestag seiner Ankunft
in Weimar (an Fr. v. St. 8. Nov. 1776), schrieb G.
in sein Tagebuch: Was ist der Mensch, daß du sein
gedenkst, und das Menschenkind, daß du dich sein an=
nimmst; am 10. Dec. 1777 in dasselbe die erste
Hälfte des Spruches, nachdem es ihm gelungen den
Brocken zu ersteigen. — Psalm 8, 5.

Sei versichert, da, wo ich gehe, ist nicht mehr
Gefahr als auf der Chaussee nach Belvedere. „Die
Erde ist überall des Herrn!" kann man wohl bei
dieser Gelegenheit sagen. It. R. 3. März 1787. —
Psalm 24, 1: Die Erde ist des Herrn und was dar=
innen ist.

Ihr Engel! Ihr heiligen Schaaren, Lagert euch
umher mich zu bewahren! Faust I, 4608 f. — Psalm
34, 8: Der Engel des Herrn lagert sich um die her,
so ihn fürchten, und hilft ihnen aus.

Ich habe meine Lust an dem Herrn und sing ihm
Psalmen, davon Du ehestens eine Schwingung haben
sollst. An Lav. 4. Aug. 1775. — Psalm 37, 4: Habe
deine Lust an dem Herrn.

Indem ich einst die Lieder studierte, welche David
nach jener häßlichen (Bathseba=) Katastrophe gedichtet
hatte, war mir sehr auffallend, daß er das in
ihm wohnende Böse schon in dem Stoff, woraus er
geworden war, erblickte; daß er aber entsündigt sein
wollte, und daß er auf das Dringendste um ein reines
Herz flehte. W. M. Lehrj. VI. — Hier vernehme
ich von großen Naturgaben, Fähigkeiten und Fertig=

leiten, und doch zuletzt bei ihrer Anwendung manches Bedenken. Sollte ich mich darüber ins Kurze fassen, so würde ich ausrufen: Große Gedanken und ein reines Herz, das ist's, was wir von Gott erbitten sollten. Wanderj. I, 10. Vgl. an Lav. 9. Apr. 1781: Das Herz ist zum großen Menschen, zur That, wie zum Kunstwerk unentbehrlich und durch Vernunft nicht zu ersetzen. — Psalm 51, 12: Schaffe in mir, Gott, ein reines Herz.

Ich für meine Person singe den lustigsten Psalm Davids dem Herrn, daß er mich aus dem Schlamm erlöst hat, der mir bis an die Seele ging. An Herd. 16. Oct. 1792. — Psalm 69, 2—3 : Das Wasser gehet mir bis an die Seele. Ich versinke in tiefem Schlamm.

Wer nie sein Brot mit Thränen aß, Wer nie die kummervollen Nächte Auf seinem Bette weinend saß, Der kennt euch nicht, ihr himmlischen Mächte! Harfensp. — Psalm 80, 6: Du speisest sie mit Thränenbrot; 6, 7: Ich schwemme mein Bette die ganze Nacht und netze mit meinen Thränen mein Lager.

Man hat mich immer als einen vom Glück Be= günstigten gepriesen; auch will ich mich nicht beklagen und den Gang meines Lebens nicht schelten. Allein im Grunde ist es nichts als Mühe und Arbeit gewesen. Eckerm. I, 27. Jan. 1824. Vgl. Jphig. II, 1: Und was wir thun, ist, wie es ihnen (unsern Vätern) war, Voll Müh' (und eitel Stückwerk I. Kor. 13, 9). — Psalm 90, 10: Wenn's köstlich gewesen ist, so ist's Mühe und Arbeit gewesen.

Der Wein erfreut des Menschen Herz. Götz I. — Psalm 104, 15.

Das Andenken Deiner Liebe ist immer bei mir

und meine Neigung zu Dir wie die Furcht Gottes der Weisheit Anfang. An Fr. v. St. 8. Juli 1783. — Psalm 111, 10: Die Furcht des Herrn ist der Weisheit Anfang.

In Asch, wo „Die Hussiten vor Naumburg" gegeben wurden, G. zu Riemer: „Und hätt' ich Flügel der Morgenröthe und flög' an die äußersten Enden der Erde, so würde seine (Kotzebues) Hand mich doch treffen." 30. Juni 1806. v. Bieberm. G.s Gespr. II, Nr. 249. — Psalm 138, 9.

Glück dir und dem Weibe der Jugend! Herm. u. D. Klio V. 229. — Spr. Salom. 5, 18: Freue dich des Weibes deiner Jugend.

Elisabeth: Die großen goldnen Ketten stehen ihnen (den deputierten Räthen) zu Gesicht — Götz: Wie dem Schweine das Halsband. Götz IV. — Umbildung von Spr. Salom. 11, 22: Wie eine Sau mit einem goldenen Haarband. S. V. Hehn G. Jahrb. VIII, S. 197.

Freud' muß Leid, Leid muß Freude haben. Faust I, 2323. — Spr. Sal. 14, 3: Nach der Freude kommt das Leid.

Serlo behauptete, — der Künstler müsse goldene Aepfel in silbernen Schalen seinen Gästen reichen. W. M. Lehrj. V, 4. — Ich wußte die goldnen Aepfel des göttlichen Wortes noch aus irdenen Schalen unter gemeinem Obst herauszufinden. Ebb. VI. — Wir wollen der Welt, sagte Goethe, weil sie es doch nun einmal nicht anders verlangt, die goldnen Aepfel in silbernen Schalen bringen. S. Boisseré an Schmitz 24. Oct. 1814. — Shakespeare giebt uns in silbernen Schalen goldne Aepfel. Ekerm. I, 25. Dec. 1825. — Die Frauen sind silberne Schalen, in die wir goldne Aepfel legen. Ebb. II, 22. Oct. 1828. — Dasselbe Bild gebraucht schon Wieland 1779, Mercur II, S. 25 (Güldene Aepfel auf einer silbernen Schale), an Merck 24. Juli 1776, und J. Stilling 1789, Häusl. Leben S. 129 (Jedes Wort war ein goldner Apfel in silberner Schale). — Spr. Salom. 25, 11: Ein Wort, geredet zu seiner Zeit, ist wie goldne Aepfel in silbernen Schalen.

Das Sprichwort sagt: Ein eigner Heerd, Ein braves Weib sind Gold und Perlen werth. Faust I, 3155. — Spr. Salom. 31, 10: Wem ein tugendsam Weib be= scheret ist, die ist viel edler denn die köstlichsten Perlen.

Vanitas! vanitatum vanitas! (eigentlich: vanitas va- nitatum! — omnia vanitas!) lautet die Ueberschrift des übermüthig=lustigen Trinkliedes, das als Summe der Lebensweisheit statuiert seine Sache auf nichts zu stellen. Einen scherzhaften Einwurf gegen den Satz erhebt Z. Xenie III, 156: „Du irrest, Salomo! Nicht alles nenn' ich eitel, Bleibt doch dem Greise selbst Noch immer Wein und Beutel." Seine ernste Ansicht darüber ent= wickelt G. in Dichtung und W. XVI: Unser physisches sowohl, als gesellige Leben, Sitten, Gewohnheiten, Weltklugheit, Philosophie, Religion, ja so manches zu= fällige Ereignis, alles ruft uns zu, daß wir entsagen sollen. — Diese schwere Aufgabe — zu lösen hat die Natur den Menschen mit reichlicher Kraft, Thätigkeit und Zähigkeit ausgestattet. Besonders aber kommt ihm der Leichtsinn zu Hülfe. Hierdurch wird er fähig dem Einzelnen in jedem Augenblick zu entsagen, wenn er nur im nächsten Moment nach etwas Neuem grei= fen darf, und so stellen wir unser ganzes Leben immer wieder her. Wir setzen eine Leidenschaft an die Stelle der anderen, um zuletzt auszurufen, daß alles eitel sei. Niemand entsetzt sich vor diesem falschen, ja gottes= läs;terlichen Spruch, ja man glaubt etwas Weises und Unwidersprechliches gesagt zu haben. Nur wenig Men= schen giebt es, die solche unerträgliche Empfindung voraus ahnen und um allen partiellen Resignationen auszuweichen, sich ein für alle Mal resigniren. Diese überzeugen sich von dem Ewigen, Nothwendigen, Gesetzlichen und suchen sich solche Begriffe zu bilden, welche unverwüstlich sind, ja durch Betrachtung des Vergänglichen nicht aufgehoben, sondern vielmehr befestigt werden. — Spr. Salom. 1, 2; 12, 8.

Der liberal Gesinnte, nicht auf seiner Persönlichkeit Verharrende würde mit Vergnügen auch hier bemerken, daß nichts Neues unter der Sonne, daß das Wissen und die Wissenschaft ewig sei. Farbenl., st. des verspr. suppl. Theils, Entsch. — Ich war längst überzeugt, es gebe nichts Neues unter der Sonne. Met. der Pflanze, Schicks. der Druckschr. — Das Symptom ist mir im Leben doch schon vorgekommen, weil unter der Sonne nichts Neues geschieht. An Zelt. 4. Dec. 1827. — Spr. Salom. 1, 9.

Hat alles seine Zeit, Das Nahe wird weit, Das Warme wird kalt, Das Junge wird alt, Das Kalte wird warm, Der Narre gescheit, Alles zu seiner Zeit. 20. Juli 1774. — Ein schönes großes Wort, woran freilich niemand denkt, wenn ihm für Zeitvertreib genügend gesorgt ist. Dicht. u. W. VI. Ein Spruch, dessen Bedeutung man bei längerem Leben immer mehr anerkennen lernt. Divan Not. Einl. — Pred. Salom. 3, 1: Ein jegliches hat seine Zeit.

Und so ist mir ein schwerer Stein über den Berggipfel auf der andern Seite hinabgewälzt. Gleich liegen aber wieder andere hinter mir, damit erfüllt werde, was geschrieben steht: „Solche Mühe hat Gott den Menschen gegeben." An H. Meyer 20. Juli 1831. Derselbe Spruch gebraucht in den Briefen an Knebel 17. Sept. 1817 und Gr. Sternberg 19. Sept. 1826. — Pred. Salom. 3, 10: Daher sehe ich die Mühe, die

Gott den Menschen gegeben hat, daß sie darinnen ge=
plagt werden.

Eure Perücken sind halsstarrige Köpfe, bis ihnen
das Wasser übern Kopf geht. Nun denn zuvisitiert und
predige denen Herren ihr guter Geist fleißig über Pred.
Salom. K. 7, B. 17 (Sei nicht allzu gerecht und nicht allzu
weise, daß du nicht verderbest). An Kestn. 5. Febr. 1773.
Zum Laufen hilft nicht schnell sein. An Fr. v.
Stein 5. Mai 1780. — Pred. Salom. 9, 11.

Es war ein Zustand, von welchem geschrieben steht:
„Ich schlafe, aber mein Herz wacht." Dicht. u. W.
XVII. — Hohelied 5, 2.

Das haben die Propheten schon gewußt, Es ist gar
eine schlechte Lust, Wenn Ohim, sagt die Schrift, und
Zihim sich begegnen. Faust II, Paralip. Weim. Ausg.
S. 183. — Jesaias 13, 21: „Zihim werden sich da
(wo Babel stand), lagern und ihre Häuser voll Ohim
sein." Z. und O. Wüstenthiere.*)

Bleib ruhig in Zürich! So ihr stille wärt, würde
euch geholfen. An Kayser 15. Aug. 1776. — Mein Herz
sagt mir nicht, ob ich Sie heute sehen werde, es ist
einmal wieder in Bewegung und weiß nicht warum.
Wie aber geschrieben steht: So ihr stille wärt, würde
euch geholfen, so will ich still sein. An Fr. v. St.
1776, Fiel. I, Nr. 84. Karoline Herder, an ihren
Mann 8. Aug. 1788, nennt den Spruch Goethes Motto.
Eine Umbildung desselben enthalten die Worte der
Iphigenie IV, 1, 18: Seine (des Pylades) Seel' ist stille;
sie bewahrt Der Ruhe heil'ges unerschöpftes Gut, Und

*) Von Jesaias scheint G. besonders angezogen worden zu
sein. In einem Winkel des Thüringer Waldes nimmt er die
Bibel vor und schreibt für den Herzog K. A. die Verse 1 und
7—13 aus dem 24. Kapitel des Propheten aus. An Herz. K. A.
24. Dec. 1775.

den Umhergetriebnen reichet er Aus ihren Tiefen Rath und Hülfe. — Jes. 30, 15: Wenn ihr stille bliebet, so würde euch geholfen.

Vermuthlich ist Dir aus dem Sinn gekommen, was Du bei Deiner Ankunft in Straßburg, — da Deine Gesundheit noch schwankend war, in dem Büchlein, das Dir der Rath Moritz als Andenken mitgab, den ersten Tag Deines Dortseins brinnen aufschlugst — ich weiß es noch wie heute! Mache den Raum deiner Hütten weit und breite aus die Teppiche deiner Woh= nung, spare sein nicht; dehne deine Seile lang und stecke deine Nägel fest, denn du wirst ausbrechen zur Rechten und zur Linken. Jesaia 54, 2—3. — Goethes Mutter an den Sohn 7. Febr. 1801.

So viel kann ich Sie versichern, daß ich mitten im Glück in einem anhaltenden Entsagen lebe und bei aller Mühe und Arbeit sehe, daß nicht mein Wille, sondern der Wille einer höhern Macht geschieht, deren Gedanken nicht meine Gedanken sind. An Plessing 26. Juli 1782. — Jes. 55, 8—9: Meine Gedanken sind nicht eure Gedanken und eure Wege sind nicht meine Wege, spricht der Herr. Sondern, so viel der Himmel höher ist denn die Erde, so sind auch meine Wege höher denn eure Wege und meine Gedanken denn eure Gedanken.

Zuletzt, wenn es zur Ausführung kommt, trete ich doch die Kelter allein. An Kneb. 24. Oct. 1813. Wie oft habe ich nicht schmerzlich ausrufen müssen: Ich trete die Kelter allein! D. u. W. XV. Vgl. Ekerm. II, 3. Apr. 1829: Und nun ein Geist, ein Durchbrin= gen und Auspressen des Gegenstandes, herrlich! es ist als ob sie (Cousin, Villemain, Guizot) die Kelter träten. — Jes. 63, 3: Ich trete die Kelter allein und ist nie= mand unter den Völkern mit mir.

Löwen, sie schleichen stumm — Freundlich um uns
herum, Ehrengeweihten Ort, Heiligen Liebeshort. Faust II,
5, 11850 f. — Jes. 65, 25: Sie (Löwen und Schlan=
gen) werden nicht schaden noch verderben auf meinem
ganzen heiligen Berge, spricht der Herr.
Weil ich aber auch möchte, daß, da an den Ber=
gen Samariä der Wein so schön gediehen ist, auch dazu
gepfiffen würde, so wollte ich nichts als daß Sie und
der Vater offne und seine Herzen hätten uns zu em=
pfangen. An seine Mutter 9. Aug. 1779. — Hätte man
Ihnen in dem bösen Winter von 1769 in einem Spiegel
vorausgezeigt, daß man wieder auf solche Weise an
den Bergen Samariä Weinberge pflanzen und dazu
pfeifen würde, mit welchem Jubel würden Sie es an=
genommen haben! An dies. 7. Dec. 1783. — Es ist um
eben die Zeit —, daß ich vor neun Jahren krank zum
Tode war; meine Mutter schlug damals in der äußer=
sten Noth ihres Herzens ihre Bibel auf und fand, wie
sie mir nachher erzählt hat: „Man wird wiederum
Weinberge pflanzen an den Bergen Samariä, pflan=
zen wird man und dazu pfeifen." Sie fand für den
Augenblick Trost und in der Folge manche Freude an
dem Spruche. An Fr. v. St. 9. Dec. 1777. — Jerem.
31, 5 (Du sollst wiederum —).
Die Götter rächen Der Väter Missethat nicht an
dem Sohn; Ein jeglicher, gut oder böse, nimmt Sich
seinen Lohn mit seiner That hinweg. Iphig. II 1, 153 f.
— Hesek. 18, 20: Der Sohn soll nicht tragen die Misse=
that des Vaters, — sondern des Gerechten Gerechtig=
keit soll über ihm sein und des Ungerechten Ungerech=
tigkeit soll über ihm sein.
Du spielst den neuen Hesekiel und die alten Todten
werden bei deinem Spaziergang lebendig und kommen
zu Ehren. An Merck 29. Aug. 1783. — Die neue Be=

lebung von Jena hat auch für mich viel Anregendes gebracht und ich stehe wie Hesekiel verwundert, daß das alte Knochenfeld auf einmal lebendig wird. An Zelt. 29. Mai 1817. — Ich habe zu bemerken gehabt, wie Sie der Bänderlehre durchaus Aufmerksamkeit schenkten und mit Recht; denn mit ihnen beginnt sich für uns das todte Knochengerassel erst wieder zu beleben. Hesekiel mußte sein Gebeinfeld sich erst auf diese Weise wieder sammeln und fügen sehen, ehe die Glieder sich regen, die Arme tasten und die Füße sich aufrichten konnten. Wanderj. III, 3. — Hesek. 37, 1—10.

Ich werde sie (die neue Postkarte des Königreichs Sachsen) an die Wand nageln und wie Jonas auf Ninive, doch mit besserem Humor als er auf die bunt illuminierte Fläche schauen, ob sich nicht irgend ein Farbenwechsel darauf hervorthun möchte. An Reinh. Anf. Juni 1810. — Auf der Tanne (Gasthof in Jena) lebe ich wie im Lande Gosen heiter und klar, indeß über dem Ninive=Jena die schwarze Wolke der Politik, durchkreuzt vom Blitz der Strafurtheile, zu ruhen sich Gelegenheit nimmt. An Voigt 8. Mai 1818. — Jona 4, 5.

Reisen Sie alsdann (nach Endigung Ihrer Kur) gelassen nach Wien zurück. Wer weiß, ob sich die Götter dieses Ninive nicht noch erbarmen, worin so viele gute Menschen zu bedauern wären, nicht weniger vieles Vieh. Siehe Buch Jonä am Schluß (4, 11). An Fr. v. Eybenberg 29. Aug. 1808.

Werd' ihm (Tobiesen, Anhänger Newtons) doch die kräft'ge Salbe, Diesem Armen bald gesendet, Dem die theoret'sche Schwalbe Augenkraft und =luft geblendet. Antikritik. — Was für ein unseliger Kunstkenner ist Quandt, lauter Tobiasse zu acquiriren! Sind doch die Dresdner selbst blind und bedürften der Fischblase allerseits. Vielleicht wird in der Elbe einmal ein tüchtiger Hecht gefangen, mit dessen Leber sie sich die Augen auswischen können. Unterh. mit Müll. 6. Juni 1830. — Tob. 2, 11; 11, 13—15.

Wer Pech knetet, klebt seine eigenen Hände zu=sammen. An Schill. 6. März 1799. — Umbildung von Sirach 13, 1.

✗ Wohl dem, der ein tugendsam Weib hat! Des lebt man noch eins so lang. Göz I. — Ihr seid — von den gerechten Leuten und die den Herrn fürchten, darob er Dir auch ein tugendsam Weib gegeben, des lebst Du noch eins so lange. An Kestn. 19. Juli 1773. — Sirach 26, 1 (— deß lebt er noch einmal so lange).

Ob ich gleich der Maccabäischen Familie niemals Feind gewesen bin, vielmehr gefunden habe, daß die liebe Judenschaft (vgl. Wanderj. II, 2) sich auf diesem Punkt der Geschichte am besten ausnimmt, so darf ich mich wohl diesmal über sie beklagen, indem Du, be=schäftigt sie mit allem musikalischen Prunk einzuführen, — versäumst Deiner auswärtigen Freunde zu geden=ken. An Zelt. 24. Jan. 1828. (Die alte Fabel: Ueber=wundene, Bedrückte, erst duldend, dann sich auflehnend, nach wechselndem Erfolg sich zuletzt doch befreiend, ist ein sehr günstiges Thema. An Zelt. 14. Jan. 1832.)

Vor wenigen Tagen hab' ich Sie recht aus vollem Herzen umfaßt, als säh' ich Sie wieder und hörte Ihre Stimme. Ich sah den gepeitschten Heliodor (Chr. H. Schmid, D. u. W. III, S. 346 v. Loeper) an der Erde und der himmlische Grimm der rächenden Geister säuselte um mich herum. An Herd. Ende 1771. — II, Maccab. 3, 7 f.

Von 6 Uhr bis halb 12 Diderots Jaques le fataliste in der Folge durchgelesen, mich wie der Bel zu Babel an einem solchen ungeheuren Mahle ergötzt und Gott gedankt, daß ich so eine Portion mit dem größten

Appetit, als wär's ein Glas Wasser, und doch mit unbeschreiblicher Wolluft verschlingen kann. Tageb. 3. Apr. 1780. — Diderots J. le f., eine sehr koftbare und große Mahlzeit, mit großem Verstande für das Maul eines einzigen Abgottes zugerichtet. Ich habe mich an den Platz dieses Bels gesetzt und in sechs un= unterbrochenen Stunden alle Gerichte und Einschiebe= schüsseln in der Ordnung und nach der Intention dieses köftlichen Kochs und Tafeldeckers verschlungen. Er ist nachher von mehreren gelesen worden; diese aber haben alle leider gleich den Priestern sich in das Mahl ge= theilt, hie und da genascht und jeder sein Lieblings= gericht davongeschleppt. An Merck 7. Apr. 1780. — Von Bel zu Babel.*)

Ich preise die Götter, die uns bei den Schöpfen faffen und uns gleich jenem Propheten mit unfern Reis= töpfen abseits tragen. An Fr. v. St. 2. Dec. 1776. — Ich bin wieder einmal gleich jenem Propheten mit dem Mustopfe dahin vom Genius geführt worden, wohin ich nicht wollte. An Fr. H. Jac. 2. Apr. 1792. — G. kam sich in den letzten vier Wochen (wo ihn die Festi= vitäten der fürstlichen Geburtstage beschäftigten) vor wie der Prophet Habakuk, der seinen Schnittern (den Setzern an der Farbenlehre) den Brei bringen wollte, und den der Engel beim Schopf nahm und zu Daniel in die Löwengrube trug. Febr. 1810. v. Biedermann G.s Gespr. II, Nr. 456. — Diese neun Wochen hab ich in ununterbrochner Thätigkeit hingebracht, wobei freilich manches geleistet wird, aber doch meistens die alte Legende eintritt, wo der Hausvater nahr= haften Brei, den er seinen Schnittern bestimmt, dem

---

*) Newton wird von G. „der englische Bal Isaac" an J. H. Voß 6. Juli 1795.

Propheten zur Löwengrube übertragen muß. An Boiss. 7. Oct. 1817. — Hier bedient sich nun die Vorsehung öfters gleichzeitiger Personen, die sich in einem behaglichen Zustande befinden, als Werkzeuge, welche unbewußt höheren Zwecken zu Dienste stehen. Das alte wunderſame Beiſpiel iſt mir immer im Leben gegenwärtig geweſen, wie ein guter, ehrlicher Landmann und Hausvater ſeinen Schnittern das erſehnte Mus zur Erquickung bringen will, vom Engel aber beim Schopfe ergriffen den Propheten in der Löwengrube ſpeiſen muß. Auff. z. Lit. Hemp. A. 63a, 1821. — Aus den Gruben, hier im Graben Hör' ich des Propheten Sang; Engel ſchweben ihn zu laben, Wäre da dem guten bang? Novelle. — Vom Drachen zu Babel, Daniel 6, 22.

Neues Testament.

Wird sich denn dieser edle Sosias (Cotta) mit seinem Gold und Silber auf das Fest Epiphaniä einfinden? Weihrauch und Myrrhen wollen wir ihm erlassen. An Schill. 23. Dec. 1795. — Der Abgebildete (Goethe) Vergleicht sich billig Heil'gem Dreikönige, Dieweil er willig Dem Stern, der Osten her Wahrhaft erschienen, Auf allen Wegen war Bereit zu dienen. Den Drillingsfr. am Christf. 1814. — Denn am Ende sind wir alle Pilgernd Könige zum Ziele. Pilg. Kön. 1. Juni 1821. — Er (Andreä) ist wie die heiligen Könige auf einem andern Weg in sein Land gezogen. An Willemer 6. Juni 1823. — Matth. 2, 2. 11—12. Vgl. das scherzhafte Epiphaniaslied (Jan. 178 *non* dem Goethe an Lavater 18. März 1781 „Seifenblasen und Schwärmer, die Dich *noch* wohl verdrießen müssen. Daß ich den Glauben Theils der Welt so gut als des andern als frazzen im Possenspiel tractiere. Verzeih mir, nun so."

O Weimar! Dir fiel ein besonder Loos, Wie Ichem in Juda klein und groß! Auf Mieb.s Tod. hatte schon Wieland an Gebler 5. Oct. 1775 unserm kleinen Weimar" geschrieben, , die kleinste unter den Töchtern Deutschland* (E. Schmidt, G. Jahrb. IX, S. 236). Auch

an Hamann Ende Oct. 1784, spricht von „unserem
Bethlehem in Juda". — Matth. 2, 6.
(Batty) das ist mein fast einziger lieber Sohn, an
dem ich Wohlgefallen habe. Tageb. 13. Mai 1780. —
Mein lieber Sohn, an dir hab' ich Gefallen. Faust II,
1, 5629. — Matth. 3, 17.
Dem Herren in der Wüste bracht' Der Satan einen
Stein Und sagte: Herr, durch deine Macht Laß es ein
Brötchen sein! Von vielen Steinen sendet Dir Der
Freund ein Meisterstück, Ideen giebst Du bald dafür
Ihm tausendfach zurück. An Schill. 13. Juni 1797. —
Matth. 4, 3.
Wir stiegen, ohne Teufel oder Söhne Gottes zu
sein, auf hohe Berge und die Zinnen des Tempels,
da zu schauen die Reiche der Welt und ihre Mühselig=
keit und die Gefahr sich mit einemmal herabzustürzen.
An Fr. v. St. 21. Sept. 1780. — Es ist ein erhabenes,
wundervolles Schauspiel, wenn ich über Berge und
Felder reite, da mir die Entstehung und Oberfläche
unserer Erde und die Nahrung, welche die Menschen
daraus ziehen, zu gleicher Zeit deutlich und anschaulich
wird. Erlaube, wenn ich zurückkomme, daß ich Dich
nach meiner Art auf den Gipfel des Felsens führe und
Dir die Reiche der Welt und ihre Herrlichkeit zeige.
An. dies. 12. Apr. 1782. — Er (Christus) auf dem Berge
stille hält, Auf den in seiner ersten Zeit Freund Sa=
tanas ihn aufgestellt Und ihm gezeigt die volle Welt
Mit aller Herrlichkeit. Ew. Jude B. 122 f. — Harzr.
im W. B. 85: Schaust aus Wolken Auf ihre (der Welt)
Reiche und Herrlichkeit. — Faust II, 4, B. 10130: Du
übersahst in ungemessnen Weiten Die Reiche der Welt
und ihre Herrlichkeiten. — An H. Meyer 5. Juli 1815:
Man bedarf hier nur einer Viertelstunde Steigens, um
in die Reiche der Welt und ihre Herrlichkeiten zu sehen —

An Lav. 9. Apr. 1781: Wenn ich vom alten König höre, ist mir's, als wenn mich der Prediger auf einen hohen Berg führte und mich dort einen Trauerblick auf die Menschen und ihre Herrlichkeit thun hieße. — W. M. Wanderj. I, 9: Nur Geduld, ich will Ihnen die Reiche der Welt und ihre Herrlichkeit zeigen. — Eckerm. III, 26. Sept. 1827: Ich war sehr oft an dieser Stelle und dachte in spätern Jahren sehr oft, daß ich von hier aus die Reiche der Welt und ihre Herrlichkeiten überblickte. — Matth. 4, 5—8.

Vor Ankunft der Königin (M. Antoinette) hatte man die ganz vernünftige Anordnung gemacht, daß sich keine mißgestaltete Person, keine Krüppel und ekelhafte Kranke auf ihrem Wege zeigen sollten. Man scherzte hierüber und ich machte ein kleines französisches Gedicht, worin ich die Ankunft Christi, welcher besonders der Kranken und Lahmen wegen auf der Welt zu wandeln schien, und die Ankunft der Königin, welche Unglücklichen verscheuchte, in Vergleichung brachte. u. W. IX. — Matth. 4, 23.

Warum soll man nicht alles verehren, was das Gemüth erhebt und uns durch's mühselige Leben durchhilft? Wenn ihr das Salz wegwerft, womit man salzen? An Kar. Herd. 4. Mai 1790. Matth. 5, 13.

Das Gesetz und die Propheten sind nun und ich habe Ruhe vor den römischen Gespenstern lebens. An Ph. Seidel 4. Nov. 1786. — 17: Ihr sollt nicht wähnen, daß ich gekommen das Gesetz oder die Propheten aufzulösen. Ich nicht gekommen aufzulösen, sondern zu erfüllen.

Der sehr einfache Text dieses weitläufigen leins (der Wahlverwandtschaften) sind die

Wer ein Weib ansieht ihrer zu begehren u. s. w. An Zauper 7. Sept. 1821. — Matth. 5, 28.

Euer Wort sei ja! ja! also ja! und Amen! An Boiss. 30. Jan. 1826. Vgl. Sprichw. 25: Ein schönes Ja, ein schönes Nein, Nur geschwind! soll mir willkommen sein. — Matth. 5, 37.

Eines solchen Bekenntnisses (daß er die Existenz Kotzebues, der ihn mit Haß und Abneigung verfolge, als ein nothwendiges und zwar günstiges Ingredienz zu der seinigen betrachte) würde ich mich nun gar sehr erfreuen, wenn ich vernähme, daß mancher, der sich in ähnlichem Falle befindet, dieses weder hochmoralische noch viel weniger christliche, sondern aus einem verklärten Egoismus entsprungene Mittel gleichfalls mit Vortheil anwendete, um die unangenehmste von allen Empfindungen aus seinem Gemüth zu verbannen: kraftloses Widerstreben und ohnmächtigen Haß. Und warum sollte ich hier nicht gestehen, daß mir bei jener großen Forderung, man solle seine Feinde lieben, das Wort lieben gemißbraucht oder wenigstens in sehr uneigentlichem Sinne gebraucht erscheine. Biogr. Einzelh. Kotzebue 1815. — Matth. 5, 44.

Denn unfühlend Ist die Natur: Es leuchtet die Sonne Über Bös' und Gute. Das Göttliche B. 12 f. — Eigentlich ist es nur des Menschen gerecht zu sein und Gerechtigkeit zu üben; denn die Götter lassen alle gewähren, ihre Sonne scheinen über Gerechte und Ungerechte, der Mensch allein geht nach Würdigkeit, nach Verdienst aus. Riemer Aphor. u. Broc. 1. Sept. 1810. — Matth. 5, 45: Denn er (der Vater im Himmel) läßt seine Sonne aufgehen über die Bösen und über die Guten.

Er hat seinen Lohn dahin. An H. El. Jacobi 31. Dec. 1773. — Matth. 6, 2.

Das Unser Vater ein schön Gebet, Es dient und hilft in allen Nöthen; Wenn einer auch Vater unser fleht, In Gottes Namen laß' ihn beten. Gott, Gemüth u. Welt 4. — Matth. 6, 9.

✳ Elisabeth: Dergleichen Menschen (wie Weislingen) sind gar übel dran: selten haben sie die Stärke der Versuchung zu widerstehen und niemals Kraft sich vom Übel zu erlösen. Maria: Dafür beten wir um beides. Gesch. Gottfr. v. B. II. — Ich kam mir stark vor und betete nicht etwa: Bewahre mich vor Versuchung! Über die Versuchung war ich meinen Gedanken nach weit hinaus. W. M. Lehrj. VI. — Als an der Elb' ich die Waffen ihm segnete, Dem Bekreuzten am Neckar begegnete, Da fehlte ihm noch das Dritte, Der Gegensatz der siebenten Bitte. Sie heißt: von allem Bösen Mögest, Herr, uns gnädig erlösen! Hier heißt es: Gieb das Beste Und mach das Leben zum Feste! An Fr. Förster Jena 27. Sept. 1820. — Matth. 6, 13.

Niemand kann zwei Herren dienen und unter allen Herren würde ich mir das Publicum, das im Theater sitzt, am wenigsten aussuchen. An Schw. o 1798. — Niemand diente zweien Herren, Der dabei Glück gefunden. Div. IV, 24. — Das Gesuch ist zu gewähren. Es steht geschrieben: Niemand zweien Herren dienen; ebensowenig kann eine Anstalt (wie der botanische Garten) zwei oder Disponenten haben. Verfügung vom 10. 1815. — Matth. 6, 24.

Sieh da die Schafe nur, sie weiden dir Der ab, wo er steht, und sammeln nicht In Scheunen Claud. v. B. B. I. — Matth. 6, 26.

Setz dir Perücken auf von Millionen Locken deinen Fuß auf ellenhohe Socken, Du immer was du bist. · Faust I, 1807 f. —

Wer ist unter euch, der seiner Länge eine Elle zu=
setzen möge, ob er gleich darum sorget? —
Eine kannt' ich, sie war wie die Lilie schlank und
ihr Stolz war Unschuld; herrlicher hat Salomo keine
gesehn. Frühling 5. — Matth. 6, 28—29: Schauet
die Lilien auf dem Felde — Ich sage euch, daß auch
Salomo in aller seiner Herrlichkeit nicht bekleidet ge=
wesen ist als derselbigen eins.

Wer Rom gesehen hat, dem muß alles andere zu=
fallen. An Fr. v. St. 25. Juni 1787. — Matth. 6,
33: Trachtet am ersten nach dem Reiche Gottes —,
so wird euch solches alles zufallen.

Jeder Tag seine eigne Plage hat. Jahrm. zu
Plund. B. 348. — Jeder Tag hat seine Plage. Philine
B. 31. — Matth. 6, 34: Es ist genug, daß ein jeg=
licher Tag seine eigne Plage habe.

Wie du missest, soll dir wieder gemessen werden.
An Lav. 31. Dec. 1775. — Matth. 7, 2.

Die ganze Welt wünscht nicht mehr als ein Bild
vom Herrn (Herzog), und wenn ich dieses jemand an=
biete, so ist als wenn sie Brot verlangten und ich gäb'
ihnen einen Stein. An Lav. 8. Aug. 1780. —
Matth. 7, 9.

Diese nichtswürdigen Schmeichler nennen sich Chri=
sten und unter ihrem Schafpelz sind sie reißende Wölfe.
Brief des Pastors x 1772. — Denn wie im Buch ge=
schrieben steht, Daß der Wolf in Schafskleidern geht,
So wird es Euch gar übel stehn Als Schaf in Wolfs=
kleidung zu gehn. An Herd. Febr. 1776. — Matth. 7, 15.

Zwar steht geschrieben: An ihren Früchten sollt ihr
sie erkennen. An H. E. Jacobi 1773. J. Goethe I,
S. 397. — So schien man ganz das evangelische Wort
vergessen zu haben: An u. f. w. D. u. W. XVI. —
Matth. 7, 20.

Nach dem biblischen Ausspruch mögen die Philo=
sophen ihre Philosophen begraben. An Kneb. 21. Juli
1817. — Matth. 8, 22: Laß die Todten ihre Todten
begraben.

Was euch (die im Sturm verzweifelnden Passagiere)
betrifft, rief ich aus, kehrt in euch selbst zurück und
dann wendet euer brünstiges Gebet zur Mutter Gottes,
auf die es ganz allein ankommt, ob sie sich bei ihrem
Sohn verwenden mag, daß er für euch thue, was er
damals für seine Apostel gethan, als auf dem stürmenden
See Tiberias die Wellen schon in das Schiff schlugen,
der Herr aber schlief, der jedoch, als ihn die trost= und
hülflosen aufweckten, sogleich dem Winde zu ruhen ge=
bot. It. Reise 13./14. Mai 1787. — Matth. 8, 24—27.

Darum wie's steht sodann geschrieben, Im Evan=
gelium da drüben, Daß sich der neu Most so erweist,
Daß er die alten Schläuch zerreißt. Ist fast das Gegen=
theil so wahr, Das (daß) alt die jungen Schläuch reißt
gar. An Merck, G. Jahrb. II, S. 225. — Matth. 9, 17:
Man fasset auch Most in alte Schläuche; anders die
Schläuche zerreißen.

Man weiß, das Volk taugt aus dem Grunde nichts, —
Und dennoch tanzt man, wenn die Luder pfeifen.
Faust II, 2, 7714 fg. — Matth. 11, 17: Wir haben
euch gepfiffen und ihr wolltet nicht tanzen.

Ich habe gar nichts gegen die Menge, doch kommt
sie einmal ins Gebränge, So ruft sie um den Teufel
zu bannen, Gewiß die Schelmen, die Tyrannen. Z.
Xen, II. 77. — Anspielung auf Matth. 12, 24: Er
treibt die Teufel nicht anders aus denn durch Beelze=
bub, der Teufel Obersten.

Am jüngsten Tag, wenn die Posaunen schallen.
alles aus ist mit dem Erdeleben, Sind wir
Rechenschaft zu geben Von jedem Wort, das

uns entfallen. Sonett 13, Warnung. — Matth. 12, 36: Ich sage euch aber, daß die Menschen müssen Rechenschaft geben am jüngsten Gericht von einem jeglichen unnützen Wort, das sie geredet haben.

Ich bin zu gewohnt von dem Um mich jetzo. zu sagen: Das ist meine Mutter und meine Geschwister. An die Mutter Nov. 1777. — So schreibt G's. Mutter an den Sohn Dec. 1795: Wir sind freilich so in alle vier Winde zerstreut, daß es beinahe heißt: Wer ist meine Schwester? u. s. w., wie Jesus fragt: Wer sind meine Brüder? — Matth. 12, 48—49.

So wandle du — der Lohn ist nicht gering — Nicht schwankend hin, wie jener Sämann ging, Daß bald ein Korn, des Zufalls leichtes Spiel, Hier auf den Weg, dort zwischen Dornen fiel. Ilmenau (3. Sept. 1783) B. 184 f. — Man sieht, daß man im Litterarischen jenem Sämann, der nur säte ohne viel zu fragen, wo es hinfiel, nachahmen soll. An Schill. 15. Dec. 1795. — Wer nicht wie jener unvernünftige Sämann im Evangelio den Samen umherwerfen mag, ohne zu fragen, was davon und wo es aufgeht, der muß sich (als Dichter) mit dem Publico gar nicht abgeben. An dens. 7. Nov. 1798. — Wer sittlich wirkt, verliert keine seiner Bemühungen; denn es gedeiht davon weit mehr, als das Evangelium vom Säemanne allzubescheiden eingesteht. D. u. W. XIV. — Mein kleines Heft, die Metamorphose der Pflanze, fiel vor 25 Jahren rechts und links in die Dornen und die Steine. An Schultz 19. Juli 1816. — (Das von einem jungen Frauenzimmer über Schiller Aufgezeichnete) hat genützt, gerade wie im Evangelium: Es ging ein Sämann aus zu säen 2c. An Zelt. 3. Nov. 1830. — Matth. 13, 3 f.

Wer Ohren hat, soll hören! Zwo bibl. Fr. II und Sprichw. 48. — Matth. 13, 9.

Der Prophet gilt nichts in seinem Vaterlande. Göt I. — Matth. 13, 57.

Ich bin wie Herodes: in gewissen Augenblicken kann man alles von mir erhalten. Nach Joh. Fahlmer an Fr. H. Jac. Mai 1774. — Matth. 14, 9.

Es ist dies (Christus und Petrus auf dem Meere) eine der schönsten Legenden, die ich vor allem lieb habe. Es ist darin die hohe Lehre ausgesprochen, daß der Mensch durch Glauben und frischen Muth im schwierigsten Unternehmen siegen werde, dagegen bei anwandelndem geringsten Zweifel sogleich verloren sei. Eckerm. II, 12. Febr 1831. — Matth. 14, 25 f.

Ich habe auf dies Kapitel (großpolitischer Versuche unserer Prinzen) weder Barmherzigkeit, Antheil, noch Hoffnung und Schonung. Befleißige Dich das Kreuz auf Dich zu nehmen und mir nachzufolgen. An Kneb. 2. Apr. 1785. — Matth. 16, 24.

Immer, immer wiederhole ich die goldnen Worte des Lehrers der Menschen: Wenn ihr nicht werdet wie eines von diesen. Werther 29. Juni 1771. — Matth. 18, 3.

Was Gott zusammengefügt hat, soll der Mensch nicht scheiden. An Herz. K. A. 14. Oct. 1786. — Matth. 19, 6.

Christus hat Recht uns auf die Kinder zu weisen, von ihnen kann man leben lernen und selig werden. An Fr. v. St. 22. Sept. 1781. — Matth. 19, 14: Denn solcher ist das Himmelreich.

Christus hat doch sagen lassen durch seine Jünger, wie er die Eselin brauchte: Der Herr bedarf ihrer; aber uns (Schiller und mir) läßt der Graf (Reuß-Köstritz, der den Maler Roux ohne Vorbereitung geschickt hatte, um ihn zu crayonnieren) kein gutes Wort

sagen. Nach Ch. v. Schiller an Fritz v. Stein 22. Nov.
1803. — Matth. 21, 3.

Und wie denn unser Herr und Christ Auf einem
Esel geritten ist, So werdet Ihr in diesen Zeiten Auf
hundert und fünfzig Eseln reiten, Die in Eurer Herr=
lichkeit Diöces Erlauern sich die Rippenstöß! Wollten
euch nun bewillkommnen baß, Bereiten euer Haushalt
trocken und naß, Welches fürwahr wird besser sein,
Als thäten wir euch die Kleider streun. An Herd.
Febr. 1776. — Matth. 21, 7.

Ich bin versichert, daß auf diesen Eckstein, den die
Bauleute verworfen haben (Tischbein) Ew. Durchl.
eine wohlgegründete Schule aufrichten werden. An
Herz. Ernst v. G. 22. Apr. 1782. — Möge es Ihnen
gelingen den Eckstein, den die Bauleute verwarfen, an
der rechten Stelle zu gründen. An Leonh. 18. Oct.
1816. — Matth. 21, 41.

Böcke, zur Linken mit euch! so ordnet künftig der
Richter, Und ihr Schäfchen, ihr sollt ruhig zur Rechten
mir stehn! Wohl! Doch eines ist noch von ihm zu hoffen,
dann sagt er: Seid, Vernünftige, mir grad' gegenüber
gestellt! Ven. Epigr. 49. — Matth. 25, 33 f.

Und ward der Kelch dem Gott vom Himmel auf
seiner Menschenlippe zu bitter, warum soll ich groß
thun und mich stellen, als schmeckte er mir süße? Werth.
15. Nov. 1772. — Matth. 26, 39.

Mein Gott! Mein Gott! warum hast du mich ver=
lassen? Und sollte ich mich des Ausdrucks schämen,
sollte mir's vor dem Augenblick bange sein, da ihm
der nicht entging, der die Himmel zusammenrollt wie
ein Tuch? Werth. 15. Nov. 1772. — So geht's dem,
der still vor sich leidet und durch Klagen weder die
Seinigen ängstigen, noch sich erweichen mag; wenn er
endlich aus gedrängter Seele Eli, Eli, lama asabthani

ruft, spricht das Volk: Du hast andern geholfen, hilf
dir selber, und die Besten übersetzen's falsch und
glauben, er rufe den Elias. An Fr. v. St. 29. Oct.
1780. — Matth. 27, 42. 46/7.

Ein guter Regent ist gleich einem schattenden Baume,
unter dem die Vögel des Himmels nisten. Winter 1805/6,
v. Biedermann G.s Gespr. II, Nr. 240. — Marc. 4,
31—32: Das Reich Gottes — gleichwie ein Senfkorn —,
wenn es gesäet ist, so nimmt es zu — und gewinnt
große Zweige, also daß die Vögel unter dem Himmel
unter seinem Schatten wohnen können.

Du wirst mir meine Retardation (verzögerte Ab=
sendung einer Messerspitze Steinsalz von der Stottern=
heimer Saline) verzeihen, um das Bröselein Salz im
evangelischen Sinne aufzunehmen, wie geschrieben steht:
Habet Salz bei euch und Friede unter einander. An
Zelt. 16. Dec. 1829. — Marc. 9, 50.

Denn wie geschrieben steht, es sei schwer, daß ein
Reicher in's Reich Gottes komme, ebenso schwer ist's
auch, daß ein Mann, der sich — an der Flitterherr=
lichkeit der neuen Welt ergötzt, ein gefühlvoller Künstler
werde. Aus G's. Brieftasche I, 1775. — Marc. 10, 23.
⚔ Meine Stunde ist kommen. Ich hoffte, sie sollte
sein wie mein Leben. Sein Wille geschehe. Götz V. —
Marc. 14, 41: Die Stunde ist gekommen. Matth. 10. 6.

Alle haben — gleich kreuzige! geschrien. An Lav.
13. Oct. 1780. — Marc. 15, 13.

Nach Anleitung des Evangelii muß ich Dich auf's
eiligste mit einem Glück bekannt machen, das mir zu=
gestoßen ist. An Herd. 27. März 1784. — Luc. 2, 10:
Ich verkündige euch große Freude.

Friede mit Gott und ein Wohlgefallen an wohl=
wollenden Menschen! An Zelt. 1831, Nr. 818.

Umbildung von Luc. 2, 14: Friede auf Erden und den Menschen ein Wohlgefallen!

Und Sie, mein würdiger Altvater, können nunmehr mit Simeon sprechen: Herr, laß deinen Diener in Frieden fahren; denn meine Augen haben den Heiland dieses Hauses gesehen. Wahlv. II, 8. — Wenn man aber auch diese (Kunstwerke erster Klasse) sieht, so hat man nichts zu wünschen als sie recht zu erkennen und dann in Frieden hinzufahren. Jt. Reise 6. Sept. 1787. — Luc. 2, 29—30.

Das Schwert im Herzen, Mit tausend Schmerzen Blickst auf zu deines Sohnes Tod. Faust I, 3590 f. — Daß das Schicksal den Müttern solche Schwerter nach dem Herzen zuckt! An S. v. La Roche 11. Oct. 1775. — Luc. 2, 35: Und es wird ein Schwert durch deine (Marias) Seele dringen.

Macht mir's (mit dem Gelde) richtig; denn ich muß sein in dem, was meines Vaters ist. An J. Fahlm. 5. Jan. 1776. — So lebe ich denn glücklich, weil ich in dem bin, was meines Vaters ist. Jt. Reis. 28. Sept. 1787. — Luc. 2, 49: Wisset ihr nicht, daß ich sein muß in dem, das meines Vaters ist?

Ich hatte jung gar oft erfahren, daß in den hilfs= bedürftigsten Momenten uns zugerufen wird: Arzt, hilf dir selber! D. u. W. XV. Vgl. oben an Fr. v. St. 29. Oct. 1780. — Luc. 4, 23.

Heil unserer Freundin S., daß sie unsere Gedichte abschriftlich verbreiten und sich um unsere Aushänge= bogen mehr als wir selbst bekümmern will! Solchen Glauben habe ich in Israel selten funden. An Schill. 12. Oct. 1796. — Luc. 7, 9.

Sie ist — auf dem Wege zur Heiligkeit. Es ist freilich ein Umweg, aber desto lustiger und sicherer, Maria von Magdala ist ihn auch gegangen und wer

weiß, wie viel andere. W. M. Lehrj. VIII, 7. — Bei
der Liebe, die den Füßen Deines gottverklärten Sohnes
Thränen ließ zum Balsam fließen, Trotz des Pharisäer-
Sohnes; Beim Gefäße, das so reinlich Tropfte Wohl-
geruch hernieder, Bei den Locken, die so weichlich
Trockneten die heil'gen Glieder — (Gönn auch dieser
guten Seele — Dein Verzeihen angemessen). Faust II,
5, 12037 f. Vgl. Ven. Epigr. 72: Heilige Leute, sagt
man, sie wollten besonders dem Sünder Und der Sün-
derin wohl. — Luc. 7, 36 fg.

Indessen hab' ich viel Menschen gesehen, in gar
manche Zustände hineingeblickt, auch vieles genossen,
und nach dem Texte der heiligen Schrift muß mir
viel verziehen werden; denn ich habe viel geliebt. An
Schultz 8. Sept. 1823. — Luc. 7, 47: Ihr sind viele
Sünden vergeben, denn sie hat viel geliebet.

Was Du mir von den übrigen Verhältnissen schreibst,
werde ich in einem feinen Herzen bewahren und Frucht
tragen lassen. An Ph. Seidel 15. Mai 1787. Auch
G's. Mutter schreibt (an Herz. Amalie) 1778: Ich
will's in einem feinen guten Herzen bewahren. —
Luc. 8, 15: Das aber auf dem guten Land, sind die
das Wort hören und behalten in einem feinen guten
Herzen und bringen Frucht in Geduld.

Nun — da es geschehen (daß Du den Prometheus
mit meinem Namen hast drucken lassen) mag denn die
Legion ausfahren und die Schweine ersäufen. An Fr.
H. Jac. 26. Sept. 1785. — Wer die Süßigkeit des Evangelii schmecken kann, der mag so was Herrliches nie-
mandem aufbringen. Und giebt uns unser Herr nicht
das excellenteste Beispiel selbst? Ging er nicht gleich
von Gergesa ohne böse zu werden, sobald man ihn
darum bat. Und vielleicht war's ihm selbst um die
Leute nicht zu thun, die ihre Schweine nicht drum

geben wollten, um den Teufel los zu werden. Brief
des Pastors zu x. — Luc. 8, 30—33, Matth. 8, 28 f.

Ach, ich wollte, ihr begrübt mich am Wege oder
im einsamen Thale, daß Priester und Levite vor dem
bezeichnenden Stein sich segnend vorübergingen und
der Samariter eine Thräne weinte. Werth. Dec. 1772. —
Nehmen Sie diesen Tropfen Balsams aus der com=
pendiösen Reiseapotheke des dienstfertigen Samariters,
wie ich sie gebe. An Kraft 2. Nov. 1778. — Luc.
10, 30 f.

Ich habe allerlei zu schaffen wie Martha. An
Fr. v. St. März 1785 Nr. 613. — (Ich) trachtete nur
das Eine, was noth ist, erst recht in's Reine zu
bringen. — Sie — haben vielleicht das beste Theil
erwählt. W. M. Lehrj. VI. — Hätten Sie nicht für
jetzt das bessere Theil erwählt, so würde ich Sie
bitten u. s. w. An Schill. 2. Dec. 1803. — Luc. 10,
40—42: Martha aber machte sich viel zu schaffen; —
Eins aber ist noth. Maria hat das gute Theil erwählet.

Sie kamen immer näher an (die Stadt), Sah'
immer der Herr nichts Seinig's dran. Sein innres
Zutraun war gering, Als wie er einst zum Feigenbaum
ging, Wollt' aber doch eben weiter gehn Und ihm recht
unter die Aeste sehn. Der ew. Jude V. 235 f. Der
Vorgang gehört einem Gleichnis Christi an. —
Luc. 13, 6.

Auf den Sonntag giebt der Herzog ein Gastmahl,
um dem Vater im Himmel auch einmal gleich zu
werden, nur mit dem Unterschiede, daß die Gäste von
den Zäunen gleich anfangs mit auf dem Fourierzettel
stehen. An Fr. v. St. 13. Dec. 1781. — Luc. 14,
16. 23: Gehe aus auf die Landstraßen und an die
Zäune, auf daß mein Haus voll werde.

Ihr Herz ist gleich Dem Himmelreich; Weil die

gelab'nen Gäste Nicht kamen, Ruft sie zum Feste Krüppel und Lahmen. Mamsell N. N. 1774. — Luc. 14, 21: Führe die Armen und Krüppel und Lahmen und Blinden herein.

Ich gehe hier wie ein verlorenes Schaf und finde nicht, was meine Seele sucht. An Herd. u. Fr. 20. Juni 1784. — Hier ist das Schlegelsche Kunstwerk, das als ein verlorenes Schaf zu seinem Herrn endlich zurückkehrt. An Kneb. 23. Jan. 1808. — Luc. 15, 4—6.

Es freut sich die Gottheit der reuigen Sünder. Der Gott u. die Baj. B. 97. — Wenn sich der Verirrte findet, freuen alle Götter sich. Deutsch. Parn. B. 224. — Jede Rückkehr vom Irrthum bildet mächtig den Men= schen im Einzelnen und Ganzen aus, so daß man wohl begreifen kann, wie dem Herzensforscher ein reuiger Sünder lieber sein kann als neun und neunzig Ge= rechte. An Eichst. 15. Sept. 1804. — Der gute Mensch, der ohne auffallende Abweichung vom rechten Pfade vor sich hinwandelt, gleicht einem ruhigen, lobens= würdigen Bürger, da hingegen jener (der sich von einem Hauptfehler, ja von einem Verbrechen durch eigne Kraft erhebt und losmacht) als ein Held und Ueberwinder Bewunderung und Preis verdient und in diesem Sinne scheint das paradoxe Wort gesagt· zu sein, daß die Gottheit selbst an einem zurückkehrenden Sünder mehr Freude habe, als an neun und neunzig Gerechten. Unterh. d. Ausg. — Luc. 15, 7.

Der xterl in Gießen (Chr. H. Schmid), der sich um uns kümmert wie das Mütterlein im Evangelio um den verlorenen Groschen und überall nach uns leuchtet und stöbert, — der Kerl ärgert sich, daß wir nicht nach ihm sehen. An Kestn. 25. Dec. 1779. — Sie nehmen es gut auf, wenn ich mit Ihnen nach dem

Evangelium, als einer treuen Nachbarin, über einen
fest ergriffenen Vorsatz, welcher doch etwas mehr ist
als ein gefundener Groschen, mich gutmüthig erfreue.
An Ch. v. Schill. 1. Aug. 1809. — Luc. 15, 8—9.

Wenn ich einen verlorenen Sohn hätte, so wollte
ich lieber, er hätte sich von den Bordellen bis zum
Schweinkoben verirrt, als daß er in dem Narrenwust
dieser letzten Tage sich verfinge; denn ich fürchte sehr,
aus dieser Hölle ist keine Erlösung. An Reinh. 7. Oct.
1810. — Luc. 15, 15 f.

Der Dalberg ist, wie alle schwachen Menschen,
freilich sehr vergnügt, wenn Du ihm das Leben leicht
machst, da Du's ihm sauer machen solltest, indeß jene
(seine Begleiterin), die ihm's leicht machen sollte, es
ihm lästig macht. Ich lobe sie indessen, wie der
Herr den ungerechten Haushalter. An Herb. 10. Oct.
1788. — Luc. 16, 8.

Denkt an mich, das seltsame Mittelding zwischen
dem reichen Mann und dem armen Lazarus. An
Kestn. 25. Dec. 1772. — Ich möchte jetzt über's Evangelium des ersten Sonntags nach Trinitatis predigen:
das sollt' ein trefflich Stück werden. (G. vergleicht
damit den bei Fr. v. St. weilenden Lenz dem armen
Lazarus, der im Himmel erquickt wird, sich dem reichen
Mann, der schmachtend durch eine große Kluft von
den Seligen getrennt ist, A. Schöll Über G.s Geschwister.) An Fr. v. St. 18. Sept. 1776. — Es ist
hier nicht die Rede vom Ausschließen, als wenn das
andere nicht, oder nichts wäre; es ist die Rede vom
Hinausschließen, hinaus wo die Hündlein sind, die von
des Herren Tische mit Brosamen genährt werden. An
Lavater (den Lehrer einer ausschließenden Religion)
9. Aug. 1782. — Luc. 16, 19 f.

Ihr habt Mosen und die Propheten! Zwo bibl.

Fr. II. — Als wir von den Carstenschen Handzeich=
nungen redeten und ich (v. Schorn) die Herausgabe
von Umrissen danach wünschte, besonders für Künstler,
meinte G.: Nun sie haben ja dort (in München) Mosen
und die Propheten, da brauchen sie dergleichen nicht.
23. Sept. 1826, v. Biederm. G.s Gespr. V, Nr. 1056. —
Was gehen sie (die modernen Künstler) mich an! Haben
wir doch unsern Moses und unsere Propheten. An Zelt.
2. Nov. 1830. S. auch an Herd. 20. Febr. 1780 und Ven.
Epigr. G.s W. Weim. Ausg. I, S. 465. — Luc. 16, 29.

Ihr sittlichen Menschen — verabscheut den Un=
sinnigen — geht vorbei wie der Priester und dankt
Gott wie der Pharisäer, daß er euch nicht gemacht
hat wie einen von diesen. Werth. 12. Aug. 1771. —
Luc. 18, 11.

Unser lieber Herr wollte nicht, daß es ein Ohr
kosten sollte dieses Reich auszubreiten, er wußte, daß
es damit nicht ausgerichtet wäre, er wollte anklopfen
an der Thüre und sie nicht einschmeißen. Brief des
Pastors zu x. — Luc. 22, 51, Math. 7, 7.

Sie wissen nicht, was sie thun. An Fr. v. St.
24. Mai 1776. — Wenn ich die Weiber von Eitel=
keit reden und sie sich oder uns vorwerfen höre, so
möchte ich immer ausrufen: Vater, vergieb ihnen, sie
wissen nicht, was sie thun. 6. Sept. 1810. v. Bieder=
mann, G.s Gesp. II, Nr. 494. — Luc. 23, 34.

Offen stehet das Grab! Welch herrlich Wunder!
Der Herr ist auferstanden! Wer glaubt's! Schelme, ihr
trugt ihn ja weg. Ven. Epigr. Weim. A. I, S. 44.
Dünzer, G.s lyr. Ged. III, S. 155, Anm. ***: „Der
launige Doppelsinn liegt darin, daß die Geistlichen in
der Osternacht das Bild des Gekreuzigten aus dem in
der Kirche gemachten Grabe tragen, und nach den von
Lessing herausgegebenen Fragmenten die Jünger den

Leichnam ihres Meisters entwendeten, um seine Auf=
erstehung glauben zu machen." — Luc. 24, 2 fg.
Und wie nach Emaus weiter gings Mit Geist=
und Feuerschritten, Prophete rechts, Prophete links,
Das Weltkind in der Mitten. Diné zu Kobl. B. 28,
1774. — Luc. 24, 13.
Wir sehnen uns nach Offenbarung, Die nirgends
würd'ger und schöner brennt Als in dem neuen Testa=
ment. Mich drängt's den Grundtext aufzuschlagen,
Mit redlichem Gefühl einmal · Das heilige Original
In mein geliebtes Deutsch zu übertragen. — Ge=
schrieben steht: „Im Anfang war das Wort!" Hier
stock' ich schon! Wer hilft mir weiter fort? Ich kann
das Wort so hoch unmöglich schätzen, Ich muß es anders
übersetzen, Wenn ich vom Geiste recht erleuchtet bin.
Geschrieben steht: Im Anfang war der Sinn. Be=
denke wohl die erste Zeile, Daß deine Feder sich nicht
übereile! Ist es der Sinn, der alles wirkt und schafft?
Es sollte stehn: Im Anfang war die Kraft! Doch
auch indem ich dieses niederschreibe, Schon warnt mich
was, daß ich dabei nicht bleibe. Mir hilft der Geist!
Auf einmal seh' ich Rath Und schreib getrost: Im
Anfang war die That! Faust I, 1217f. — Endlich
glaubte ich bei einem Schimmer zu sehen, daß das,
was ich suchte, in der Menschwerdung des ewigen
Wortes, durch das alles und auch wir erschaffen sind,
zu suchen sei. W. M. Lehrj. VI. — Ev. Joh. 1, 1—3.
Daß Du nicht willst Ständigkeit kriegen, nicht
kannst kriegen, ängstigt mich manchmal, wenn ich peccata
mundi im Stillen trage. An Lav. 16. Sept. 1776. —
Gott gab mir zur Buße für meine eigne Sünden die
Sünden anderer zu tragen. An Fr. v. Stein 18. Sept.
1780. — Johann. 1, 29: Siehe, das ist Gottes
Lamm, welches der Welt Sünde trägt.

5*

Als wir (G. und der Dresdner Schuster) einig waren, daß ich bleiben solle, gab ich meinen Beutel, wie er war, der Wirthin zum Aufheben und ersuchte sie, wenn es etwa nöthig wäre, sich daraus zu ver= sehen. Da er es ablehnen wollte, — so entwaffnete ich ihn dadurch, daß ich sagte: Und wenn es auch nur wäre, um das Wasser in Wein zu verwandeln, so würde wohl, da heut zu Tage keine Wunder mehr geschehen, ein solches probates Hausmittel nicht am unrechten Orte sein. D. u. W. VIII. — Joh. 2, 1 f.

Zu Oelenschläger, der spät abends kam um ihm Lebewohl zu sagen: „Sie kommen ja wie der Nico= demus." 6. Nov. 1809. v. Biederm. G.s Gespr. II, Nr. 434. — Ev. Johann. 3, 2: Der kam zu Jesu bei der Nacht.

Fragt ihr, wer ist der Geist? So sag' ich euch: Der Wind bläset, du fühlest sein Sausen, aber von wannen er kommt und wohin er geht, weißest du nicht. Zwo bibl. Fr. II. — Nun aber kommt der heilig Geist, Er wirkt am Pfingsten allermeist. Woher er kommt, wohin er weht, Das hat noch niemand aus= gespäht. Sie geben ihm nur kurze Frist, Da er doch erst — und letzter ist. Dreifaltigk. — Joh. 3, 8: Der Wind bläset, wo er will und du hörest sein Sausen wohl, aber du weißt nicht, von wannen er kommt, und wohin er fähret.

Ich habe meine Antwort an Fritz (Jacobi) zurück= gehalten; denn sie war wirklich mystisch. Doch thut's das Klare und Treffende auch nicht; das ist Wasser und keine Taufe; wer davon trinkt, den wird's wieder dürsten. An J. Fahlm. Apr. 1775. — Bei dem Bronn, zu dem schon weiland Abram ließ die Heerde führen (Mos. 12, 6); Bei dem Eimer, der dem Heiland Kühl die Lippe durft' berühren; Bei der reinen reichen

Quelle, Die nun dorther sich ergießet, überflüssig, ewig, helle, Rings durch alle Welten fließet (— Gönn' auch dieser guten Seele — Dein Verzeihen ange=messen!) Faust II, 5, 12045 f. Vgl. an Zelt. 9. Nov. 1830: Jedes Auftreten von Christus, jede seiner Äuße=rungen gehen dahin, das Höhere anschaulich zu machen. Immer von dem Gemeinen steigt er hinauf, und weil dies bei Sünden und Gebrechen am auf=fallendsten ist, so kommt dergleichen gar manches vor. — Joh. 4, 13 (Katech. Luth. 4, 3: Ohne Gottes Wort ist das Wasser schlecht Wasser und keine Taufe).

Um diesen Teich, den ein Engel nur selten bewegt, harren Hunderte viele Jahre her, nur wenige können genesen und ich bin nicht der Mann zwischen der Zeit zu sagen: „Steh auf und wandle!" (Matth. 9, 5.) An Kraft 2. Nov. 1778. — Seit einiger Zeit befinde ich mich in Jena gleichsam auf dem Strande des Teiches Bethesda; denn meine Übel, die sich von Zeit zu Zeit melden, machen mir sehr wünschenswerth auch dieses Jahr auf einem friedlichen Zuge nach Böhmen zu gelangen. An Reinh. 9. Juni 1809. — Jedermann hält sich überzeugt, daß, wenn er nicht bei dem neu bewegten Teiche Bethesda (d. h. den in Aussicht ge=nommenen Gehaltsverbesserungen) gesundet, er wohl zeitlebens kränkeln möchte. An Voigt 21. Dec. 1815. — Joh. 5, 2—4.

O du Menschenkind, — steht nicht geschrieben: So ihr glaubtet, hättet ihr das ewige Leben! An Fr. H. Jac. Apr. 1775. — Joh. 6, 47: Wer an mich glaubet, der hat das ewige Leben.

Sagt nicht selbst der Sohn Gottes, daß die um ihn sein würden, die ihm der Vater gegeben hat? Werth. 15. Nov. 1772. — Joh. 6, 65: Niemand kann zu mir kommen, es sei ihm denn von meinem Vater gegeben

Wer hebt den ersten Stein auf gegen den Ehe=
mann, der in gerechtem Zorne sein untreues Weib
und ihren nichtswürdigen Verführer aufopfert? Werth.
12. Aug. 1771. — Die Laune des Verliebten und die
Mitschuldigen sind, ohne daß ich mir dessen bewußt
gewesen wäre, in einem höheren Gesichtspunct ge=
schrieben. Sie deuten auf eine vorsichtige Duldung
bei moralischer Zurechnung und sprechen in etwas
herben und derben Zügen jenes höchst christliche Wort
spielend aus: Wer sich ohne Sünde fühlt, der hebe
den ersten Stein auf. D. u. W. VII. — Joh. 8, 7.

Woher ich komm', kann ich nicht sagen, Wohin ich
geh', müßt ihr nicht fragen. Satyr. III. — Sie (die
Natur) spritzt ihre Geschöpfe aus dem Nichts hervor und
sagt ihnen nicht, woher sie kommen und wohin sie gehen.
Die Natur. — Wohin es geht, wer weiß es? Erinnert
er sich doch kaum, woher er kam. Egmont II. —
Joh. 8, 14: Ich weiß von wannen ich gekommen bin
und wo ich hingehe; ihr aber wisset nicht, von wannen
ich komme und wo ich hingehe.

Ja, gute Frau, durch zweier Zeugen Mund Wird
allerwegs die Wahrheit kund. Faust I, 3013. —
Joh. 8, 17: Auch stehet in eurem Gesetz geschrieben,
daß zweier Menschen Zeugnis wahr sei.

Sein (des Königs Ludwig von Holland) Reich ist
nicht von dieser Welt und noch weniger von dieser
Zeit. J. Falk G. aus persönl. Umg. dargest. S. 170.
— Joh. 8, 23: Ich bin nicht von dieser Welt.

Ich müßte mich sehr irren, oder die Großmuth
des Alcibiades (F. K. v. Buchholz gegen Hamann)
ist ein Taschenspielerstreich des Züricher Propheten. —
Hole oder erhalte ihn der Teufel! der ein Freund der
Lügen, Dämonologie, Ahnungen, Sehnsuchten ꝛc. ist
von Anfang. It. Reise 5. Oct. 1787. — Joh. 8, 44:

Derselbige ist ein Mörder von Anfang und ist nicht bestanden in der Wahrheit. Wenn er Lügen redet, so redet er von seinem Eignen; denn er ist ein Lügner und ein Vater derselbigen.

Noch ist es Tag, da rühre sich der Mann: Die Nacht tritt ein, wo niemand wirken kann. Div. VI, 7. — Wirken wir — immerfort, so lang' es Tag für uns ist. An Gr. Bernst. 17. Apr. 1823. — Joh. 9, 4: Ich muß wirken die Werke deß, der mich gesandt hat, so lange es Tag ist; es kommt die Nacht, da niemand wirken kann.

S.: Ihr werdet gegen die Menge wenig sein. G.: Ein Wolf ist einer ganzen Herde Schafe zu viel. S.: Wenn sie aber einen guten Hirten haben. G.: Sorge du. Und es sind lauter Miethlinge. Göß III. — Joh. 10, 12: Ein guter Hirte lässet sein Leben für die Schafe. Ein Miethling aber — siehet den Wolf kommen und verläſſet die Schafe und flieht.

Sprachstudium und Anerkennung des Nachbarlichen ist zu befördern, damit eine Herde unter einem Hirten versammelt sei. An Kneb. 14. Dec. 1822. — Joh. 10, 16: Und wird eine Herde und ein Hirte werden.

Zur Nachricht, daß ich zwar aus der Antichambre des Grabes, dem Bett mein' ich, wieder in's gemeine Leben wiedergekehrt, aber doch so schnell als jener wirklich begrabene und stinkend gefundene Fromme nicht aus den Windeln der zweiten Kindheit mich auswickeln kann, deswegen auch noch mit halbverhülltem Haupte herumwandere. An Kar. Herd. Frühl. 1792. — Joh. 11, 39. 44.

Ich darf mich (mit Optik beschäftigt) wohl von dieser Seite ein Kind des Lichtes nennen. An Herz. K. A. 18. Apr. 1792. — Joh. 12, 36: Glaubet an das Licht, dieweil ihr es habt, auf daß ihr des Lichtes Kinder seid.

einander geschlagenen Händen wie ein ecce homo
An Schill. 24. Nov. 1797. — Also ist das
Wort des Kaisers (Napoleon: voilà un
womit er mich empfangen hat, auch bis zu
gedrungen. Sie sehen daraus, daß ich ein
ausgemachter Heide bin, indem das ecce homo
umgekehrten Sinn auf mich angewendet worden.
Reinh. 2. Dec. 1808. — Joh. 19, 5.
Herder ist (in der ältesten Urkunde des Menschen=
in die Tiefen seiner Empfindung hinab=
hat darin all die hohe heilige Kraft der
Natur aufgewühlt und führt sie nun in
wetterleuchtendem, hie und da morgen=
lächelndem orphischen Gesang über die weite
— Aber ich höre das Magistervolk schon rufen:
ist voll süßen Weines," und der Landpfleger wiegt
seinem Stuhl und spricht: „Du rasest." An
8. Juni 1774. — Apostelg. 2, 13; 26, 24.
Wenn unsere junge Fürstin an dem, was wir mit=
können, Freude hat, so sind alle unsere Wünsche
Unser einer kann immerhin nur mit dem
sagen: Gold und Silber habe ich nicht, aber
habe, gebe ich im Namen des Herrn. An
1805. — Sie werden diese apostolische
da ich gern gebe, was ich habe, zum
aufnehmen. An Boiff. 14. Febr. 1814. —
3, 6: Silber und Gold habe ich nicht; was
aber habe, das gebe ich dir: Im Namen Jesu —
auf —!
Es war eine Zeit, da ich Saulus war; gottlob,
Paulus geworden bin; gewiß, ich war sehr
da ich nicht mehr leugnen konnte. Brief des
zu x. — Apostelg. 9, 1 f. 13, 9.
Siehe hier in diesem Hain, wo ringsum die

Zu dem ganzen Inhalt (des überschickten Manu=
scriptes) sage ich ja und Amen. · Es läßt sich nichts
Besseres über den Text: „Also hat Gott die Welt ge=
liebt," sagen. An Herd. 20. Febr. 1785. — Joh. 13, 16.
Cotta hat mir (in Baden) ein Quartier bestellt.
Heute erhalte ich Deinen lieben Brief, der mir an=
zeigt, daß Du mir in Wiesbaden — gleichfalls ein
Unterkommen besorgt hast. In meines Vaters Hause
sind viele Wohnungen; wer weiß, welche ich beziehen
werde, da man mir heute — in Tennstädt das dritte
bestellt hat. An Zelt. 22. Juli 1816. — In unsers
Vaters Hause sind viele Provinzen. An Gr. Bernst.
17. Apr. 1823. — Niemanden wollen wir hindern, sich
seinen eignen Kreis zu bilden; denn in unsers Vaters
Hause ist Wohngelaß für manche Familie. An Zelt.
15. Jan. 1826. — Joh. 14, 2.
Ich habe, um doch einmal dem Sohn Davids
(Apostelg. 13, 33) ähnlich zu sein, das „über ein
Kleines" gespielt. An F H. Jac. 13. Jan. 1787. —
Joh. 16, 16.
Der Augenblick des Zeugens ist herrlich, das
Tragen und Gebären beschwerlich; so aber geboren,
ist Freude. An Herb. 5. Juli 1776. Vergl. Goeß IV:
Da hatte ich Freude, als wenn ich einen Sohn ge=
boren hätte. — Joh. 16, 21: Wenn sie aber das
Kind geboren hat, denket sie nicht mehr an die Angst
um der Freude willen, daß der Mensch zur Welt ge=
boren ist.
Du verfehlst Deines Endzweckes nicht — Dein
Reich auf dieser Welt immer mehr auszubreiten, in=
dem Du jedermann überzeugst, daß es nicht von dieser
Welt ist. An Lav. 22. Juni 1781. — Joh. 18, 36.
Und dabei soll er (der gehänselte und gehubelte
Autor) geduldig, seiner hohen Würde eingedenk, mit

über einander geschlagenen Händen wie ein ecce homo
dastehen. An Schill. 24. Nov. 1797. — Also ist das
wunderbare Wort des Kaisers (Napoleon: voilà un
homme) womit er mich empfangen hat, auch bis zu
Ihnen gedrungen. Sie sehen daraus, daß ich ein
recht ausgemachter Heide bin, indem das ecce homo
im umgekehrten Sinn auf mich angewendet worden.
An Reinh. 2. Dec. 1808. — Joh. 19, 5.

Herder ist (in der ältesten Urkunde des Menschen=
geschlechts) in die Tiefen seiner Empfindung hinab=
gestiegen, hat darin all die hohe heilige Kraft der
simpeln Natur aufgewühlt und führt sie nun in
dämmerndem, wetterleuchtendem, hie und da morgen=
freundlich lächelndem orphischen Gesang über die weite
Welt. — Aber ich höre das Magistervolk schon rufen:
„Er ist voll süßen Weines," und der Landpfleger wiegt
sich auf seinem Stuhl und spricht: „Du rasest." An
Schönborn 8. Juni 1774. — Apostelg. 2, 13; 26, 24.

Wenn unsere junge Fürstin an dem, was wir mit=
theilen können, Freude hat, so sind alle unsere Wünsche
erfüllt. Unser einer kann immerhin nur mit dem
Apostel sagen: Gold und Silber habe ich nicht, aber
was ich habe, gebe ich im Namen des Herrn. An
Schill. Jan. 1805. — Sie werden diese apostolische
Generosität, da ich gern gebe, was ich habe, zum
Besten aufnehmen. An Boiss. 14. Febr. 1814. —
Apostelg. 3, 6: Silber und Gold habe ich nicht; was
ich aber habe, das gebe ich dir: Im Namen Jesu —
stehe auf —!

Es war eine Zeit, da ich Saulus war; gottlob,
daß ich Paulus geworden bin; gewiß, ich war sehr
erwischt, da ich nicht mehr leugnen konnte. Brief des
Pastors zu x. — Apostelg. 9, 1 f. 13, 9.

Siehe hier in diesem Hain, wo ringsum die

Wer hebt den ersten Stein auf gegen den Ehe=
mann, der in gerechtem Zorne sein untreues Weib
und ihren nichtswürdigen Verführer aufopfert? Werth.
12. Aug. 1771. — Die Laune des Verliebten und die
Mitschuldigen sind, ohne daß ich mir dessen bewußt
gewesen wäre, in einem höheren Gesichtspunct ge=
schrieben. Sie deuten auf eine vorsichtige Dulbung
bei moralischer Zurechnung und sprechen in etwas
herben und derben Zügen jenes höchst christliche Wort
spielend aus: Wer sich ohne Sünde fühlt, der hebe
den ersten Stein auf. D. u. W. VII. — Joh. 8, 7.
Woher ich komm', kann ich nicht sagen, Wohin ich
geh', müßt ihr nicht fragen. Satyr. III. — Sie (die
Natur) spritzt ihre Geschöpfe aus dem Nichts hervor und
sagt ihnen nicht, woher sie kommen und wohin sie gehen.
Die Natur. — Wohin es geht, wer weiß es? Erinnert
er sich doch kaum, woher er kam. Egmont II. —
Joh. 8, 14: Ich weiß von wannen ich gekommen bin
und wo ich hingehe; ihr aber wisset nicht, von wannen
ich komme und wo ich hingehe.
Ja, gute Frau, durch zweier Zeugen Mund Wird
allerwegs die Wahrheit kund. Faust I, 3013. —
Joh. 8, 17: Auch stehet in eurem Gesetz geschrieben,
daß zweier Menschen Zeugnis wahr sei.
Sein (des Königs Ludwig von Holland) Reich ist
nicht von dieser Welt und noch weniger von. dieser
Zeit. J. Falk G. aus persönl. Umg. dargest. S. 170.
— Joh. 8, 23: Ich bin nicht von dieser Welt.
Ich müßte mich sehr irren, oder die Großmuth
des Alcibiades (F. K. v. Buchholz gegen Hamann)
ist ein Taschenspielerstreich des Züricher Propheten. —
Hole oder erhalte ihn der Teufel! der ein Freund der
Lügen, Dämonologie, Ahnungen, Sehnsuchten 2c. ist
von Anfang. It. Reise 5. Oct. 1787. — Joh. 8, 44:

Derselbige ist ein Mörder von Anfang und ist nicht bestanden in der Wahrheit. Wenn er Lügen redet, so redet er von seinem Eignen; denn er ist ein Lügner und ein Vater derselbigen.

Noch ist es Tag, da rühre sich der Mann: Die Nacht tritt ein, wo niemand wirken kann. Div. VI, 7. — Wirken wir — immerfort, so lang' es Tag für uns ist. An Gr. Bernst. 17. Apr. 1823. — Joh. 9, 4: Ich muß wirken die Werke deß, der mich gesandt hat, so lange es Tag ist; es kommt die Nacht, da niemand wirken kann.

S.: Ihr werdet gegen die Menge wenig sein. G.: Ein Wolf ist einer ganzen Herde Schafe zu viel. S.: Wenn sie aber einen guten Hirten haben. G.: Sorge du. Und es sind lauter Miethlinge. Götz III. — Joh. 10, 12: Ein guter Hirte lässet sein Leben für die Schafe. Ein Miethling aber — siehet den Wolf kommen und verlässet die Schafe und flieht.

Sprachstudium und Anerkennung des Nachbarlichen ist zu befördern, damit eine Herde unter einem Hirten versammelt sei. An Kneb. 14. Dec. 1822. — Joh. 10, 16: Und wird eine Herde und ein Hirte werden.

Zur Nachricht, daß ich zwar aus der Antichambre des Grabes, dem Bett mein' ich, wieder in's gemeine Leben wiedergekehrt, aber doch so schnell als jener wirklich begrabene und stinkend gefundene Fromme nicht aus den Windeln der zweiten Kindheit mich auswickeln kann, deswegen auch noch mit halbverhülltem Haupte herumwandere. An Kar. Herd. Frühl. 1792. — Joh. 11, 39. 44.

Ich darf mich (mit Optik beschäftigt) wohl von dieser Seite ein Kind des Lichtes nennen. An Herz. K. A. 18. Apr. 1792. — Joh. 12, 36: Glaubet an das Licht, dieweil ihr es habt, auf daß ihr des Lichtes Kinder seid.

Zu dem ganzen Inhalt (des überschickten Manu-
scriptes) sage ich ja und Amen. · Es läßt sich nichts
Besseres über den Text: „Also hat Gott die Welt geliebt," sagen. An Herd. 20. Febr. 1785. — Joh. 13, 16.

Cotta hat mir (in Baden) ein Quartier bestellt.
Heute erhalte ich Deinen lieben Brief, der mir an-
zeigt, daß Du mir in Wiesbaden — gleichfalls ein
Unterkommen besorgt hast. In meines Vaters Hause
sind viele Wohnungen; wer weiß, welche ich beziehen
werde, da man mir heute — in Tennstädt das dritte
bestellt hat. An Zelt. 22. Juli 1816. — In unsers
Vaters Hause sind viele Provinzen. An Gr. Bernst.
17. Apr. 1823. — Niemanden wollen wir hindern, sich
seinen eignen Kreis zu bilden; denn in unsers Vaters
Hause ist Wohngelaß für manche Familie. An Zelt.
15. Jan. 1826. — Joh. 14, 2.

Ich habe, um doch einmal dem Sohn Davids
(Apostelg. 13, 33) ähnlich zu sein, das „Über ein
Kleines" gespielt. An F H. Jac. 13. Jan. 1787. —
Joh. 16, 16.

Der Augenblick des Zeugens ist herrlich, das
Tragen und Gebären beschwerlich; so aber geboren,
ist Freude. An Herd. 5. Juli 1776. Vergl. Goeß IV:
Da hatte ich Freude, als wenn ich einen Sohn geboren hätte. — Joh. 16, 21: Wenn sie aber das
Kind geboren hat, denket sie nicht mehr an die Angst
um der Freude willen, daß der Mensch zur Welt geboren ist.

Du verfehlst Deines Endzweckes nicht — Dein
Reich auf dieser Welt immer mehr auszubreiten, in-
dem Du jedermann überzeugst, daß es nicht von dieser
Welt ist. An Lav. 22. Juni 1781. — Joh. 18, 36.

Und dabei soll er (der gehänselte und gehubelte
Autor) geduldig, seiner hohen Würde eingedenk, mit

über einander geschlagenen Händen wie ein ecce homo
dastehen. An Schill. 24. Nov. 1797. — Also ist das
wunderbare Wort des Kaisers (Napoleon: voilà un
homme) womit er mich empfangen hat, auch bis zu
Ihnen gedrungen. Sie sehen daraus, daß ich ein
recht ausgemachter Heide bin, indem das ecce homo
im umgekehrten Sinn auf mich angewendet worden.
An Reinh. 2. Dec. 1808. — Joh. 19, 5.

Herder ist (in der ältesten Urkunde des Menschen-
geschlechts) in die Tiefen seiner Empfindung hinab-
gestiegen, hat darin all die hohe heilige Kraft der
simpeln Natur aufgewühlt und führt sie nun in
dämmerndem, wetterleuchtendem, hie und da morgen-
freundlich lächelndem orphischen Gesang über die weite
Welt. — Aber ich höre das Magistervolk schon rufen:
„Er ist voll süßen Weines," und der Landpfleger wiegt
sich auf seinem Stuhl und spricht: „Du rasest." An
Schönborn 8. Juni 1774. — Apostelg. 2, 13; 26, 24.

Wenn unsere junge Fürstin an dem, was wir mit-
theilen können, Freude hat, so sind alle unsere Wünsche
erfüllt. Unser einer kann immerhin nur mit dem
Apostel sagen: Gold und Silber habe ich nicht, aber
was ich habe, gebe ich im Namen des Herrn. An
Schill. Jan. 1805. — Sie werden diese apostolische
Generosität, da ich gern gebe, was ich habe, zum
Besten aufnehmen. An Voiß. 14. Febr. 1814. —
Apostelg. 3, 6: Silber und Gold habe ich nicht; was
ich aber habe, das gebe ich dir: Im Namen Jesu —
stehe auf —!

Es war eine Zeit, da ich Saulus war; gottlob,
daß ich Paulus geworden bin; gewiß, ich war sehr
erwischt, da ich nicht mehr leugnen konnte. Brief des
Pastors zu x. — Apostelg. 9, 1 f. 13, 9.

Siehe hier in diesem Hain, wo ringsum die

Namen meiner Geliebten grünen, schneid' ich den beinigen (Erwin v. Steinbach) in eine deinem Thurm gleich schlank aufsteigende Buche, hänge an seine vier Zipfel dies Schnupftuch mit Gaben dabei auf. Nicht ungleich jenem Tuche, das dem heiligen Apostel aus den Wolken herabgelassen ward, voll reiner und un= reiner Thiere, so auch voll Blumen, Blüthen, Blätter, wohl auch dürres Gras und über Nacht geschoss'ne Schwämme u. s. w. Von deutsch. Bauk. — Wie dem hohen Apostel ein Tuch voll Thiere gezeigt ward, Rein und unrein, zeigt, Lieber, das Büchlein sich dir. Ven. Epigr. 61. — Apostelg. 10, 11 f.

Ich bin nun einmal einer der ephesischen Gold= schmiede, der sein ganzes Leben im Anschauen und Anstaunen und Verehrung des ehrwürdigen Tempels und in Nachbildung ihrer geheimnisvollen Gestalten zugebracht hat, und dem es unmöglich eine angenehme Empfindung machen kann, wenn irgend ein Apostel seinen Mitbürgern einen anderen und noch dazu form= losen Gott aufbringen will. An Fr. H. Jac. 10. Mai 1812. Vgl. das Gedicht: Groß ist die Diana der Epheser, in welchem die Erzählung eine Umbildung erfährt. — Apostelg. 19, 28.

Ich habe allerlei geschrieben, das Dir eine gute Stunde machen soll. — Sind aber doch allzumal Sünder und ermangeln des Ruhmes, den wir vor unserer Mutter Natur haben sollten. An Bürger 18. Oct. 1775. — Die Helden des Alterthums Ermangeln des Ruhms, Wo und wie er auch prangt. Faust II, 2, 8212. — Röm. 3, 23: Sie sind allzumal Sünder und mangeln des Ruhms, den sie an Gott haben sollten.

In der Neckerschen Schrift (compte rendu) liegt ein ungeheures Vermächtnis. Der Geist macht lebendig und das Fleisch ist auch nütze. An Fr. v. St. 2. Apr.

1781. — Röm. 8, 2: Das Gesetz des Geistes, der
da lebendig machet in Jesu Christo.

Du weißt, daß ich von Dir unzertrennlich bin
und daß weder Hohes noch Tiefes mich zu scheiden
vermag. An Fr. v. St. 12. März 1781. Auch
Wieland schrieb an Merck 16. Juni 1778: Weder
Hohes noch Tiefes soll jemals den Bund unserer
Seelen trennen. — Röm. 8, 39: Weder Hohes noch
Tiefes mag uns scheiden von der Liebe Gottes.

Was an euch ist Ruhe zu erhalten, — das thut.
Egmont II. — Römer 12, 18: Ist es möglich, so
viel an euch ist, so habt mit allen Menschen Frieden.

Was ich (an Ihren Betrachtungen über die Rache)
vermißt habe, — war die Reflexion, daß die Ver-
gebung der Beleidigung als eine Wohlthat den Be-
leidiger verbinden müsse und also schon directer Nutzen
hervorspringe, was Christus (vielmehr der Apostel
Paulus, nach Spr. Sal. 25, 22) durch „feurige Kohlen
auf's Haupt sammeln" ausdrückt. An Salzm. 6. März
1773. — Röm. 12, 20.

Wenn Paulus sagt: Gehorchet der Obrigkeit; denn
sie ist Gottes Ordnung, so spricht dies eine ungeheure
Cultur aus, die wohl auf keinem früheren Wege als
dem christlichen erreicht werden konnte. Riemer Aph.
u. Broc. Nov. 1806. — Römer 13, 1—2: Jedermann sei unterthan der Obrigkeit. — Wer sich —
wider die Obrigkeit setzet, der widerstrebet Gottes
Ordnung.

So Ehre denn, wem Ehr' gebührt! Faust I, 3964. —
So Ehre dem, dem Ehre gebührt. Faust II, 1, 5896. —
Röm. 13, 7: So gebet nun jedermann — Ehre, dem
die Ehre gebührt.

Es wäre nicht der Mühe werth 70 Jahre alt zu
werden, wenn alle Weisheit der Welt Thorheit wäre

vor Gott. Spr. in Pr. v. Loeper 429. — I. Kor.
3, 19: Denn dieser Welt Weisheit ist Thorheit bei
Gott. — Parodiert in den Invectiven (v. Loeper
Nr. 13): Sie (Böttiger und Kotzebue) sagen Tag für
Tag, — Vor ihnen beiden, wie vor Gott, Sei alle
Menschentugend Spott.
Die Gestalt dieser Welt vergeht; ich möchte mich
nur mit dem beschäftigen, was bleibende Verhältnisse
sind, und so nach der Lehre des x (Spinoza) meinem
Geiste erst die Ewigkeit verschaffen. It. Reise 23. Aug.
1787. — Mag doch die Gestalt der Welt vergehen, wenn
befreundete Gesinnung sich gleich bleibt. An Boiff.
31. Oct. 1818. — I. Kor. 7, 31: Denn das Wesen
dieser Welt vergehet.
Märkte reizen dich zum Kauf; Doch das Wissen
blähet auf. Wer im Stillen um sich schaut, Lernet,
wie die Lieb' erbaut. Bist du Tag und Nacht be=
flissen Viel zu hören, viel zu wissen, Horch an einer
andern Thüre, Wie zu wissen sich gebühre! Soll das
Rechte zu dir ein, Fühl in Gott was Rechts zu sein!
Wer von reiner Lieb' entbrannt, Wird vom lieben
Gott erkannt. Div. IV, 9. — I. Kor. 8, 1—3: Das
Wissen bläset auf; aber die Liebe bessert. So aber
sich jemand dünken läßt, er wisse etwas, der weiß
noch nichts, wie er wissen soll. So aber jemand Gott
liebet, derselbige ist von ihm erkannt.
Platen fehlt die Liebe, und so kommt man in den
Fall, auch auf ihn den Spruch des Apostels anzu=
wenden: Und wenn ich mit Menschen= und Engelzungen
redete und hätte der Liebe nicht, so wäre ich ein
tönendes Erz oder eine klingende Schelle. Eckerm. I,
25. Dec. 1825. — I. Kor. 13, 1.
Was waren das für schöne Zeiten: in ecclesia
mulier taceat! Jetzt, da eine jegliche Stimme hat, Was

will ecclesia bedeuten! Z. Xen. VII, 429. — I. Kor.
14, 34: Eure Weiber lasset schweigen unter der Gemeine.
In meiner Stube soll's ehrlich und ordentlich zu=
gehen. Götz I. — I. Kor. 14, 40: Lasset alles ehr=
lich und ordentlich zugehen.

Ich überlasse — alle Ungläubigen der ewigen wieder=
bringenden Liebe und habe das Zutrauen zu ihr, daß
sie am besten wissen wird den unsterblichen und un=
beflecklichen Funken, unsere Seele, aus dem Leibe des
Todes auszuführen und mit einem neuen und unsterb=
lich reinen Kleide zu umgeben. Brief des Pastors
zu x. — Mit jedem Tage wird bei mir das Alte neu
und das Vergängliche scheint die Unvergänglichkeit an=
gezogen zu haben. An Fr. v. St. 29. Juni 1782. —
I. Kor. 15, 53: Denn dies Verwesliche wird anziehen
das Unverwesliche und dies Sterbliche muß anziehen
die Unsterblichkeit.

Du (Satanas) glaubtest ihn (Christum) zu über=
winden, — Doch siegreich kommt er dich zu binden:
Wo ist dein Stachel hin, o Tod? Sprich, Hölle, sprich:
Wo ist dein Siegen? Poet. Ged. über die Höllenf.
Jesu V. 87 f., 1765. — I. Kor. 15, 55.

Als ich die erste Idee von der Metamorphose der
Pflanze aufstellte, — vernahm ich von der Gültigkeit
eines Grundgesetzes, auf dessen Entwicklung doch hier
eben alles ankam, — kein Wort. Das macht, es
stand nichts davon im Linné, den sie ausschreiben und
sodann ihren Schülern vortragen. Man sieht aus
allem, der Mensch ist zum Glauben und nicht zum
Schauen gemacht. J. Fall: G. aus persi Umg. darg.
29. Febr. 1809. — II. Kor. 5, 7: Denn wir wandeln
im Glauben und nicht im Schauen.

Als Gott der Herr — ich weiß auch wohl warum —
Uns aus der Luft in tiefste Tiefen bannte, Da, wo

centralisch glühend, um und um, Ein ewig Feuer
flammend sich durchbrannte, Wir fanden uns bei all-
zugroßer Hellung In sehr gedrängter, unbequemer
Stellung. Die Teufel fingen sämmtlich an zu husten,
Von oben und von unten aus zu pusten; Die Hölle
schwoll von Schwefel-Stank und Säure, Das gab ein
Gas! Das ging in's Ungeheure, So daß gar bald
der Länder flache Kruste, So dick sie war, zerkrachend
bersten mußte. Nun haben wir's an einem andern
Zipfel, Was ehemals Grund war, ist nun Gipfel. Sie
gründen auch hierauf die rechten Lehren Das Unterste
in's Oberste zu kehren. Denn wir entrannen knechtisch-
heißer Gruft In's Uebermaß der Herrschaft freier Luft.
Ein offenbar Geheimniß wohlverwahrt Und wird nur
spät den Völkern offenbart. Faust II, 4, 10075 f.
Satirische Beziehung des Vulcanismus auf biblische
Offenbarung. — Ephes. 6, 12: Denn wir haben nicht
mit Fleisch und Blut zu kämpfen, sondern mit Fürsten
und Gewaltigen, nämlich mit den Herren der Welt,
die in der Finsterniß dieser Welt herrschen; mit den
bösen Geistern unter dem Himmel.

Dem Frieden Gottes, welcher euch hienieden Mehr
als Vernunft beseliget — wir lesen's — Vergleich ich
wohl der Liebe heitern Frieden In Gegenwart des
allgeliebten Wesens. Mar. Eleg. V. 73 f. 1823. —
Philipp. 4, 7: Der Friede Gottes, welcher höher ist
als alle Vernunft.

Den Geist dämpfet nicht! sagt der Apostel. G. in
einem Gespräche über die Bibel, Eckerm. III, 11. März
1832. — I. Thess. 5, 19.

G. zum Magister, der die Schwestern Stock aus
einem ihm unpassend erscheinenden Kapitel des Buches
Esther laut vorlesen ließ: „Herr, wie können Sie die
jungen Mädchen solche H—geschichten lesen lassen?"

als iener etwas von ‚alles sei Gottes Wort‘ her-
"Prüfet alles, aber nur, was gut und
ist, behaltet." Kunst u. Leben aus Försters
v. H. Kletke, Aufz. Försters nach Erzähl. der
Körner. — Allerdings sagte G. im Briefe des Pastors
x: Ich habe sonst auch gesorgt, die Leute möchten
an Dingen nehmen, die hier und da in der
vorkommen, aber ich habe gefunden, daß der
Gottes sie gerade über die Stellen wegführt, die
nichts nützen dürften. — I. Thess. 5, 21: Prüfet
alles und das Gute behaltet.
Wer redlich ficht, wird gekrönt. Sprichw. 133.
coronatur nisi qui certaverit ante. Tageb.
März 1780, alte hexametrische Uebersetzung des
— II. Timoth. 2, 5: Und so jemand auch
wird er doch nicht gekrönt, er kämpfe denn recht.
ich sagte, es sei schrecklich sich zu sagen, daß
(Gespräch mit Napoleon) schon 22 Jahr her wäre,
Goethe: Man muß es sich auch nicht sagen,
wäre es zum Tollwerden. Vor Gott sind tausend
wie ein Tag: warum sollen wir uns nicht auch
kleine Götter darüber hinaussetzen? Müller Unterh.
G. 23. März 1830. Vgl. Salomos güldne Worte
Alles ist gleich vor dem Herrn. — II. Petri 3, 8:
n Tag vor dem Herren ist wie tausend Jahre und
Jahre wie ein Tag.
bald, wie jeder sein Antlitz, Das er im
gesehen, vergißt, die behaglichen Züge, So
er das Wort, wenn auch von Erze gestempelt.
1, B..25 f. — Br. Jacobi I, 23—24: So jemand
ein Hörer des Wortes und nicht ein Thäter, der ist
einem Manne, der sein leiblich Angesicht im Spiegel
Denn nachdem er sich beschauet hat, gehet er
stund an davon und vergisset, wie er gestaltet war.

Uebrigens komme ich mir bei Gelegenheit des
zurückkehrenden Heftes (Zur Beurtheilung G.s) aber=
mals vor, wie der Leichnam Mosis, um welchen sich
die Dämonen streiten. Thun Sie von Ihrer Seite,
daß der Altvater bei seinen Ahnen im Hain zu Mamre
anständig beigesetzt werde. An Schubarth 21. Aug.
1819. — Ueber Mosis Leichnam, stritten Seelige wie
Fluch=Dämonen, Lag er doch in ihrer Mitten, Kannten
sie doch kein Verschonen! Greift der stets bewußte
Meister Nochmals zum bewährten Stabe, Hämmert
auf die Pustrichs=Geister; Engel tragen ihn zu Grabe.
Z. Ken. V, 351. Vgl. an Maler Müller 21. Juni
1781. — Br. Judä 1, 9: Michael aber, der Erzengel, da
er mit dem Teufel zankte und mit ihm redete über den
Leichnam Mosis, durfte er das Urtheil der Lästerung
nicht fällen, sondern sprach: Der Herr strafe dich.

G.: „Sein Märchen komme ihm gerade so vor
wie die Offenbarung St. Johannis." Schubert hatte
es gedeutet, andere anders; es fühlt ein jeder, daß
noch etwas drin steckt, er weiß nur nicht was. Riemer
Mitth. über G. 21. März 1809.

Wenn ich — Dir erzählen könnte, was unschreib=
bar ist, Du würdest auf Dein Angesicht fallen und an=
beten den, der da ist, da war und sein wird. An
Lavat. 16. Sept. 1776. — Tischbein ist ein Jehovah,
der da ist und war und sein wird. An H. Meyer
9. Aug. 1822. — Offenb. 1, 4: Friede von dem, der
da ist und der da war und der da kommt.

Wollen's der Mutter Gottes weihn, Wird uns mit
Himmelsmanna erfreun! — Wer überwindet, der ge=
winnt. Faust I, 2825/6. — Offenb. 2, 17: Wer über=
windet, dem will ich zu essen geben von dem ver=
borgenen Manna.

So laßt mich scheinen, bis ich werde! Zieht mir

das weiße Kleid nicht aus! Ich eile von der schönen Erde Hinab in jenes feste Haus. Dort ruh' ich eine kleine Stille. Mignon III. — Offenb. 6, 11: Und ward ihnen gegeben, einem jeglichen ein weiß Kleid und ward zu ihnen gesagt, daß sie ruheten noch eine kleine Zeit.

Es steht geschrieben: Selig sind, die im Herren entschlafen; aber noch seliger sind die, welche über irgend einen Dünkel toll geworden. An W. v. Humboldt 8. Febr. 1813. — Offenb. 14, 3.

Frankfurt ist das neue Jerusalem, wo alle Völker ein= und ausgehen und die Gerechten wohnen. An J. Fahlmer Febr. 1775. — Freilich in dem geistreichen und kunstliebenden Kreise unserer Herzogin Amalie war es herkömmlich, daß Italien jederzeit als das neue Jerusalem wahrer Gebildeten betrachtet wurde. Ital. R. Oct. 1787. — Offenb. 21 (2—3, 25. 27).

Hier (in Klopstocks Gelehrtenrepublik) fließen die heiligen Quellen bildender Empfindung lauter aus vom Throne der Natur. An Schönborn 10. Juni 1774. — Offenb. 22, 1: Und er zeigte mir einen lautern Strom lebendigen Wassers, — der ging vom Stuhle Gottes.

Da das alles (was ich vom Erker des Jenenser Schlosses beobachte) außer Windsbraut und Wasser= rauschen vollkommen tonlos verläuft, so bedarf es wirklich einiger innern Harmonie, um das Ohr auf= recht zu erhalten, welches bloß möglich ist im Glauben an Dich. Daher nur einige Stoßgebete als Zweige meines Paradieses. Magst Du sie mit Deinem heißen Elemente infundieren, so schlürft man's wohl mit Be= hagen und die Heiden werden gesund. Apokalypse am letzten! Vers 2. An Zelt. 16. Febr. 1818. — Offenb. 22, 2: Auf beiden Seiten des Thrones stand das Holz des Lebens, das trug zwölferlei Früchte und die Blätter des Holzes dienten zur Gesundheit der Heiden.

Nachtrag.

S. 17 Z. 10 v. o. st. Lehrj. zu lesen Wanderj. und
beizufügen: Allerdings äußert Goethe nach Böttiger
auch einmal (1795?): „Beim erneuten Studium Ho-
mers empfinde ich erst ganz, welches unnennbare Unheil
der jüdische Praß uns zugefügt hat. Hätten wir die
Sodomitereien und ägyptisch-babylonischen Grillen (des
Stier- und Baalsdienstes) nie kennen lernen, und wäre
Homer unsere Bibel geblieben, welch eine ganz andere
Gestalt würde die Menschheit dadurch gewonnen haben!"
(v. Biedermann, G.s Gespr. I, Nr. 134a.) Ein zwar
charakteristischer, aber doch nur vereinzelter Ausspruch
und hingeworfener Gedanke des Augenblicks.

S. 27 zwischen Z. 9 und 10 v. o. einzufügen: Das
immerfort wachsend Lebendige (des Bryophyllum caly-
cinum) ist doch ein gar zu hübsches Bild und Gleichnis
des Wesens, von dem wir uns kein Bild machen sollen.
An Boiss. 27. Juni 1826. — II. Mos. 20, 4: Du sollst
dir kein Bildnis noch irgend ein Gleichnis machen —
des, das oben im Himmel — ist.

Wie verdrießlich ist mir's oft mit anzuhören, wie
man die Zehngebote in der Kinderlehre wiederholen
läßt. Das vierte ist noch ein ganz hübsches Ver-
nünftiges gebietendes Gebot: Du sollst Vater und
Mutter ehren. Wenn sich das die Kinder recht in den
Sinn schreiben, so haben sie den ganzen Tag daran
auszuüben. Nun aber das fünfte, was soll man dazu
sagen? Du sollst nicht tödten. Als wenn irgend ein
Mensch im mindesten Lust hätte, den andern todt zu
schlagen! Man haßt einen, man erzürnt sich, man
übereilt sich und in Gefolg von dem und manchem
andern kann es wohl kommen, daß man gelegentlich
einen todt schlägt. Aber ist es nicht eine barbarische